新しい江戸時代が見えてくる

「平和」と「文明化」の265年

大石　学

吉川弘文館

目　次

江戸の達成

図版目次

プロローグ◇「平和」と「文明化」の二六五年

本書は、慶長《けいちょう》八年（一六〇三）に徳川家康《とくがわいえやす》が江戸に幕府《ばくふ》を開いてから、慶応《けいおう》三年（一八六七）に一五代将軍慶喜《よしのぶ》が大政奉還《たいせいほうかん》するまでの、あしかけ二六五年にわたる江戸時代を、今日的視点からあらためて見直し、日本史のなかに位置づけようとするものです。

江戸時代に先立つ、永禄《えいろく》一一年（一五六八）から慶長三年までの織田信長《おだのぶなが》と豊臣秀吉《とよとみひでよし》の時代（織豊《しょくほう》時代）と、江戸時代をあわせた約三〇〇年は、「近世」ともよばれます。織豊時代の約三〇年間は、一世紀に及ぶ戦国の争乱を終結させ、列島規模で「平和」を達成した時代です。

一方、江戸時代は、中央政府である幕府が、全国約二六〇の藩《はん》を編成し、約三〇〇〇万人の国民の生産と生活を保障した時代です。この時代は、対外戦争や内戦がほとんどない、世界史上でもまれな「平和」な時代でした。幕府は、「平和」を維持・持続するために、戦国社会に広範に存在していた刀、脇差、槍、弓、鉄砲などの武器の所有を武士に限定し、それら武器の勝手な使用を禁止しました（ただし、鉄砲は農具として使用を許可しました）。「平和」の到来と、厳しい武器管理により、武士は戦闘者としてよりも、行政官＝官僚としての性格・役割が強くなりました。

文久《ぶんきゅう》元年（一八六一）以後、三度にわたって来日したプロイセン（現ドイツ）生まれの外交官ルドルフ・リンダウは、「日本という国は、あらゆる文明国の中でも、武器を持つ習慣が最も広まっている国であるので、その危険な習慣の不都合を出来るかぎり避けるために、厳しい規則を採用せざるを得なかった。正当防衛以外の場合でなければ、路上で何人《なんびと》も刀を抜けば、決まってこの上なく重い罪に問われるのである……槍の刃先、銃の銃口さえもが丁寧に鞘に包まれているのは、平和時に、なんなれと武器を人の目に曝すことを禁じている厳しい禁止命令のためなのである」（『スイス領事の見た幕末維新』）と、武器の使用がきびしく制限されていたことを記しています。

また、慶応二年にフランス海軍の一員として来日したデンマーク人のE・スエンソンは、「帯刀した者たちの間で流血事件が起きたと耳にするのはめったになく、この国の人間の性来の善良さと礼儀正しさを存分に物語っている」（『江戸幕末滞在記』）と、江戸社会で斬り合いがなかったと記しています。

世界を見てきた外国人たちが、江戸の平和と武器の管理を高く評価しているのです。

たしかに、江戸時代は年中、斬り合いをしていたわけではありません。武士が刀を差していたことから、ともすると、日常的に斬り合いや斬り捨て御免がおこなわれた時代と考えられがちです。しかし、今日残されているさまざまな記録や史料をみても、斬り合いの記事はそう多くはありません。もし斬り合いなどが起これば、江戸中の大きなニュースになるほどでした。

江戸時代、殺人事件が起きると、役人が出張し、現場検証や聞き込みをおこない、報告書を作成します。指名手配書を公開することもあります。犯人が逮捕されると、裁判がおこなわれて刑が確定します。人が一人死ぬということは、現在と同じくらい重い出来事だったのです。

私たちは、長期にわたって「平和」を維持した江戸時代に、もっと関心をもっていいと思います。

江戸時代には、家を単位に、士農工商《しのうこうしょう》（武士・農民・職人・商人）という身分制度が整備されました。身分制度のもと、武士は軍役《ぐんやく》を、農民は年貢《ねんぐ》・夫役《ぶやく》を、職人や商人は技術労働・人足《にんそく》役などを、それぞれの集団を通して務めました。人々は、これら「役《やく》」を務めることにより、全国的に編成され、国家の一員、集団の一員として位置づけられたのです。人別帳《にんべつちょう》（戸籍帳）を整備し、人別調査（国勢調査）を実施するなどして、幕府は「国民」の把握に努めました。

「平和」のもとで、社会も変化しました。幕府が定めた参勤交代《さんきんこうたい》制度は、江戸と全国各地の文化・情報の交流の機会になりました。商品経済の発展や、人の移動も活発になりました。庶民の間では旅行がさかんになり、農村から都市への出稼ぎも増加し、列島社会は均質化しました。

文字も普及しました。兵農分離《へいのうぶんり》（武士と農民の居住の分離）政策や商品経済の発展などにより、社会のさまざまな組織や集団が、文書を作成・交換・保存するようになりました。学問・文化・教育への関心も高まり、社会の文明化と均質化が進みました。

もちろん、江戸時代には、さまざまな問題点もありました。鎖国《さこく》体制のもと、外国との自由な交際が制限され、世界の文化や情報、技術などが入りにくかったこと、士農工商の身分制度が職業や婚姻などに一定の制約を与えたこと、幕府や藩の利害がからみ、飢饉《ききん》・災害・疫病への対応が遅れ気味であったこと、などです。

しかし、一世紀におよぶ戦国時代を克服して成立した江戸社会の到達点は、やはり貴重なものでした。江戸社会を統轄した幕府は、二度と戦国社会に戻らないように、幕府と藩による強固な政治・行政システムを作り上げました。そして、「平和」と「文明化」を持続させるために、教育を普及し、儒学《じゅがく》という共通の学問（価値）を広めました。人々の暮らしを豊かにする産業や経済も発展しました。

江戸時代、日本社会は、ひとつの文字、ひとつの言葉、ひとつの文化のもとにまとめられました。今日、「日本的」あるいは「和風」などとよばれる生活様式や思考様式が、身分や地域の違いをこえて、列島規模で形づくられたのです。

このような江戸時代を中心とする近世という時代を、私は日本の歴史のなかに、次のように位置づけています。

日本近世とは、「中世権力の多元性・分散性を克服するとともに、近代国民国家の一元的権力を準備するという歴史的位置にあった。近世権力の特徴は、古代・中世を通じて展開してきた天皇・公家・寺社・武士などの諸勢力が、将軍を中心に国家的規模で編成されたことにある」（大石学編『近世国家の権力構造―政治・支配・行政―』序章、岩田書院、同『近世公文書論―公文書システムの形成と発展―』岩田書院）と定義し、首都江戸を中心とする国家権力の集中化・統合化、あるいは合理化・客観化の過程と考えます。具体的には、⑴近世全期を通じて、官僚制が、法や公文書システムの整備をもとに発展・強化され、支配が合理化・客観化されること、⑵国家権力と地域社会とが、行政的・契約的関係を強め、首都江戸を中心に、列島規模で社会の均質化・同質化、文明化が進むこと、⑶これらをふまえて、近世日本を日本型文明化＝国民国家の形成過程と考えること、です（大石学編『江戸時代への接近』東京堂出版、大石学『首都江戸の誕生―大江戸はいかにして造られたのか―』角川選書、同『近世日本の統治と改革』吉川弘文館）。

すなわち、江戸時代＝「平和」「文明化」の二六五年間は、統一的な国家体制が整備され、列島社会が成熟し、均質化が進む時代でした。そして、この変化こそ、明治時代以後の日本の国家・社会・地域の展開の重要な前提となったのです。

現代日本の政治的・社会的課題となっている東京一極集中や官僚主導、あるいは社会の均質性などの諸現象は、実は江戸時代以来の四〇〇年という長い時間のなかで形成されてきたのです。

江戸時代を知るということは、けっして遠い昔を知ることや懐かしむことではありません。現在の日本、今日の私たちを知るとともに、世界の人々が求めてやまない「平和」と「文明化」を考える重要な手がかりを得ることにもなるのです。「江戸時代を知ることは、現在を知ること、そして未来を考えること」。私は、この考えのもとに本書を執筆しました。読者のみなさんが、今から約四〇〇年前から一五〇年前までの間に、この列島上で展開された、人々のさまざまな営みを知り、私たちの未来を構想する手がかりを得ていただければ幸いです。

江戸の創生

本編は、織田信長・豊臣秀吉・徳川家康という「三英傑」の時代から、7代将軍家継までの江戸前期を扱います。この時期、政治主導者たちは、約1世紀におよぶ戦国の争乱を終結させ、「徳川の平和《パクス・トクガワーナ》」を実現させるとともに、首都江戸の建設、国家制度・システムおよびインフラの整備を進めます。耕地拡大、人口増加、経済発展、元禄文化の開花など、さまざまな社会現象も見られ、いわば「右肩上がり」の時代が出現しました。江戸幕府や庶民が、天皇・公家・寺社・武士など、古代・中世のさまざまな権威・権力による秩序＝旧体制《アンシャンレジーム》から離脱し、新たな秩序を創るという、江戸の離陸《テイクオフ》の実相を見ていきます。

◇1 「平和」の到来

信長、秀吉、家康

なかぬなら殺してしまへ時鳥《ほととぎす》（織田右府《おだうふ》）
鳴かずともなかして見せふ杜鵑《ほととぎす》（豊太閤《ほうたいこう》）
なかぬなら鳴まで待よ郭公《ほととぎす》（大権現様《だいごんげんさま》）

江戸時代後期、肥前平戸《ひぜんひらど》（長崎県）藩主の松浦静山《まつらせいざん》が著した随筆『甲子夜話《かっしやわ》』（一八二一起筆）所収のこれらの句は、戦国時代を代表する三人の武将の個性や、歴史的役割をあらわす句として知られています。室町幕府や朝廷、寺院、神社など古い権威にチャレンジした織田信長（一五三四～八二）、さまざまな創意工夫と策略で日本を統一した豊臣秀吉（一五三七～九八）、そして二人の仕事をうけついで完成させた徳川家康（一五四二～一六一六）という、戦国時代を終わらせた三人をたくみに詠んでいます。

また、「織田がつき、羽柴《はしば》がこねし天下餅、すわりしままに食うは徳川」という歌もあります。江戸後期の落首《らくしゅ》をもとにしたといわれますが、信長と秀吉が一生懸命つくった成果を、家康が苦労せずに手に入れたというものです。彼らの生年や活躍の時期を見ると、このような見方もできるかもしれません。

「ホトトギス」も「天下餅」も、いずれも作者は不明ですが、さまざまなバリエーションの句が見られ、人々の間に広まっていたことが知られます。いずれにしても、彼らはリレーをするように、戦国時代に幕を下ろし、春を告げるホトトギスを鳴かせ、「平和」（天下泰平）という餅をつきあげたのです。

しかし、ホトトギスの声を聞き、餅を食べたのは、家康だけではありませんでした。二六五年にわたる江戸時代、人々もまた「平和」の恩恵を受けたのです。

江戸時代というと、みなさんには合戦にあけくれた戦国時代にくらべて、地味で面白みのない時代にうつるかもしれません。しかし、あらためて考えてみましょう。もし、みなさんが家族や友人といっしょに、じっさいにタイムトラベルして、ある時代で生活するとしたら、合戦が日常的に行われている戦国時代に行きたいでしょうか。

他方、目を転じて、文明の最前線にある今日の世界を見ても、いまだに戦争やテロなどにより、多くの命が失われる現実が存在します。

こうしてみると、徳川家康が開いた二六五年におよぶ「平和」の江戸時代が、魅力あふれる時代に見えてきます。この時代、庶民は刀、鑓《やり》、弓などの武器をもつことを禁止されました。鉄砲は農具としてのみ許可され使用されました。また、独占的に武器をもつことを許された武士たちも、その勝手な使用は禁止されました。私的な決闘（戦争）＝武力による問題解決は、社会的に封じ込められたのです。

これらの事実をもとに、近年、歴史学研究の分野では、新たな江戸時代像が示されつつあります。それは、「平和」の時代、「文明化」の時代という見方です。通常、教科書や概説書などでは、日本の歴史を、古代（平安時代以前）、中世（鎌倉・室町時代）、近世（戦国〜江戸時代）、近代（明治時代〜第二次世界大戦期)、現代(戦後期)などと区分しています。これらの時代区分のなかで、現在の私たちの生活の起点を、どの時代に求めるかと考えた場合、一般的には明治元年(一八六八)の明治維新が重視されます。明治維新以後、日本は西洋文明を積極的に取り入れ、現代社会にいたったと考えるわけです。

他方、明治維新以前の江戸時代は、武士が髷《まげ》を結い、裃《かみしも》を着て、刀を差すなど、「チョンマゲ」「チャンバラ」の時代として、現代に生きるわれわれの理解できない、遠い断絶した時代と見られてきました。しかし、近年の新しい江戸イメージは、それに先立つ戦国時代を文明化への出発点ととらえます。すなわち、戦国時代以前の日本社会が、神や仏を絶対的なものとして信じ、自然に抱かれた「未開社会」であったのに対して、以後の社会は、人間が自らの力を信じて、自然に働きかける「文明社会」へと成長したと考えるわけです。

この時期、甲斐(山梨県)の大名の武田信玄《たけだしんげん》(一五二一〜七三)は信玄堤《づつみ》を築き、徳川家康の家臣で代官《だいかん》頭《がしら》の伊奈備前守忠次《いなびぜんのかみただつぐ》(一五五〇〜一六一〇)は、治水や新田開発を行うなど、各地の戦国大名たちは河川をコントロールして大規模な開発を行い、生産力を向上させました。戦国時代から江戸時代にかけて、地域支配の拠点である城が、山間部の山城《やまじろ》から平野部の平城《ひらじろ》へと移行するのは、その象徴です。

また、地域における紛争解決の方法として、古代以来、熱湯の中の石をつかみ手の火傷《やけど》により正否を決める盟神探湯《くかたち》や湯起請《ゆぎしょう》、あるいは熱した鉄の火箸《ひばし》を握り、火傷により正否を決める鉄火《てっか》などの神判法が行われてきました。これらは、現代から見れば非科学的・非人間的な解決の仕方ですが、当時は「神裁」(神の裁き)として、紛争解決の有効な方法でした。しかし、戦国時代以降、大名や幕府は、このような神仏に頼る紛争解決を禁じました。紛争当事者双方の言い分を聞き、証拠をもとに、自らが「公儀」＝公権力として裁くようになったのです。裁判の普及です。

こうして、列島社会は、戦国時代を通じて、自然や呪術的観念が支配する「未開社会」から、合理的・客観的観念のもと、積極的に自然に働きかける「文明社会」へとステップアップしたのです。これにともない、経済活動が活発化し、文字も普及しました。文明社会は、もちろん今日私たちが生きる世界でもあり、この視点から、江戸時代は、現在と断絶した時代ではなく、連続した時代としてとらえられることになったのです。すなわち、江戸時代は、チョンマゲ、チャンバラの、私たちが理解不可能な遠い時代ではなく、私たちと直接つながる、理解可能な地続きの時代となったのです。

「平和」の時代

江戸時代以前に、この「文明化」の道を、強力に切り開いたのが織田信長です。信長は、元亀《げんき》二年（一五七一）天台宗《てんだいしゅう》の総本山として古代以来の伝統を誇る比叡山《ひえいざん》（滋賀県大津市）を焼き、天正八年（一五八〇）には中世以来各地の一向一揆を率いて勢力をふるってきた浄土真宗（一向宗）の総本山石山本願寺《いしやまほんがんじ》（大阪府大阪市）をくだすなど、宗教的権威と戦い、これを圧伏しました。さらに、楽市《らくいち》・楽座《らくざ》政策を実施し、中世の領主と結んで、独占的に商売をして利益を得てきた市座（組合）や問屋の特権を廃し、平和で自由な取り引きができる場所を保証しました。

天正一〇年（一五八二）、信長が本能寺の変で家臣の明智光秀《あけちみつひで》（一五二八？〜八二）によって倒されると、豊臣秀吉が後継となりました。秀吉は、「公儀」＝公権力として、「惣無事令《そうぶじれい》」とよばれる法令を発布（天正一三年〜一五年・一五八五〜八七）し、中世社会に広く展開していた自力救済《じりききゅうさい》（自力による報復や損害回復）の慣行を否定しました。戦国大名間の戦争や村落間の争い、さらには海賊行為などを禁止したのです。

この結果、列島社会に「平和」がもたらされました。戦国争乱の終焉《しゅうえん》とは、軍略にたけた秀吉が、強力な軍事力をもって達成したのではなく、戦争をやめれば領地を安堵するという平和的な方法によって達成したのです。惣無事令に従った、島津《しまづ》、伊達《だて》、毛利《もうり》、上杉《うえすぎ》などの戦国大名は生きのびました。秀吉の国家統一（天下統一）は、「平和の拡大」でもあったのです。

「惣無事令」の精神は、江戸幕府にも引き継がれ、その結果、二六五年間の「平和」が出現しました。江戸時代は、対外戦争や内戦がほとんどない、世界史上稀有《けう》な時代でした。古代ローマの「平和」をパクス・ロマーナ（Pax Romana）、一九世紀のイギリスによる「平和」をパクス・ブリタニカ（Pax Britannica）、現代のアメリカによる「平和」をパクス・アメリカーナ（Pax Americana）などとよびますが、これを模して、江戸幕府による「徳川の平和」をパクス・トクガワーナ（Pax Tokugawana）とよびます。「徳川の平和」のもとで、江戸時代は今日に続くさまざまな制度やシステムを作り上げました。たとえば、鎖国政策は、従来、海外との自由な交流を禁じた抑圧的政策ととらえられてきましたが、最近は、「江戸幕府が認める範囲での諸外国・諸地域との国民の交流」と考えられています。すなわち、中世における倭寇《わこう》（海賊）を含む自由で多元的な外交・貿易・往来とは異なる、幕府による一元的な、国家が国民を管理する近代につらなる国民管理システムの確立ととらえることができるのです。

さらに、武士と農民・町人（地域住民）の関係も見直されつつあります。これまで江戸時代の武士は、農民を苦しめる収奪者・抑圧者とイメージされてきました。しかし武士は、地域住民の生活や生産を守る行政官・官僚としての役割を果たしていました。最近では、両者の関係を、支配と被支配ではなく、一種の契約関係としてとらえる見方も示されています。

ここでも、江戸時代は現代との断絶ではなく、連続としてとらえられるようになってきています。

江と三武将

さて、信長、秀吉、家康の三武将と深くかかわり、戦国時代から「平和」の江戸時代へと生き抜いた女性が江《ごう》（督《ごう》、江与《えよ》、崇源院《すうげんいん》、一五七三～一六二六）です。江は、近江国（滋賀県）の戦国大名浅井《あざい》長政《ながまさ》（一五四五～七三）と、織田信長の妹で正室の市《いち》（小谷《おだに》の方《かた》、一五四七～八三）との間の三人姉妹の末子として生まれました。長姉は茶々《ちゃちゃ》（一五六七～一六一五）、二姉は初《はつ》です。

江の経歴には不明な部分も多いのですが、天正元年（一五七三）、浅井氏の居城小谷城《おだにじょう》で生まれました。しかし、この年浅井氏は、信長に小谷城で滅ぼされ、生後間もない江は、母の市とともに城を出て、市の実家の織田家に身を寄せます。その後、天正一〇年（一五八二）に信長が本能寺の変で倒れると、市は信長の家臣柴田勝家《しばたかついえ》（?～一五八三）と再婚し、江ら三姉妹も勝家の居城の越前（福井県）北庄《きたのしょう》で暮らしました。

しかし、信長の後継をめぐり、秀吉と勝家が対立し、天正一一年（一五八三）、ついに二人の間で賤《しず》ヶ《が》岳《たけ》の合戦（滋賀県長浜市）が起こりました。この戦は、勝家の敗北となり、市は夫勝家とともに自殺し、秀吉は江ら三姉妹を保護したのです。

その後、茶々は、秀吉の側室となり、淀殿《よどどの》とよばれます。初は、近江国の大名京極《きょうごく》高次《たかつぐ》（一五六三～

系図　江をめぐる人々

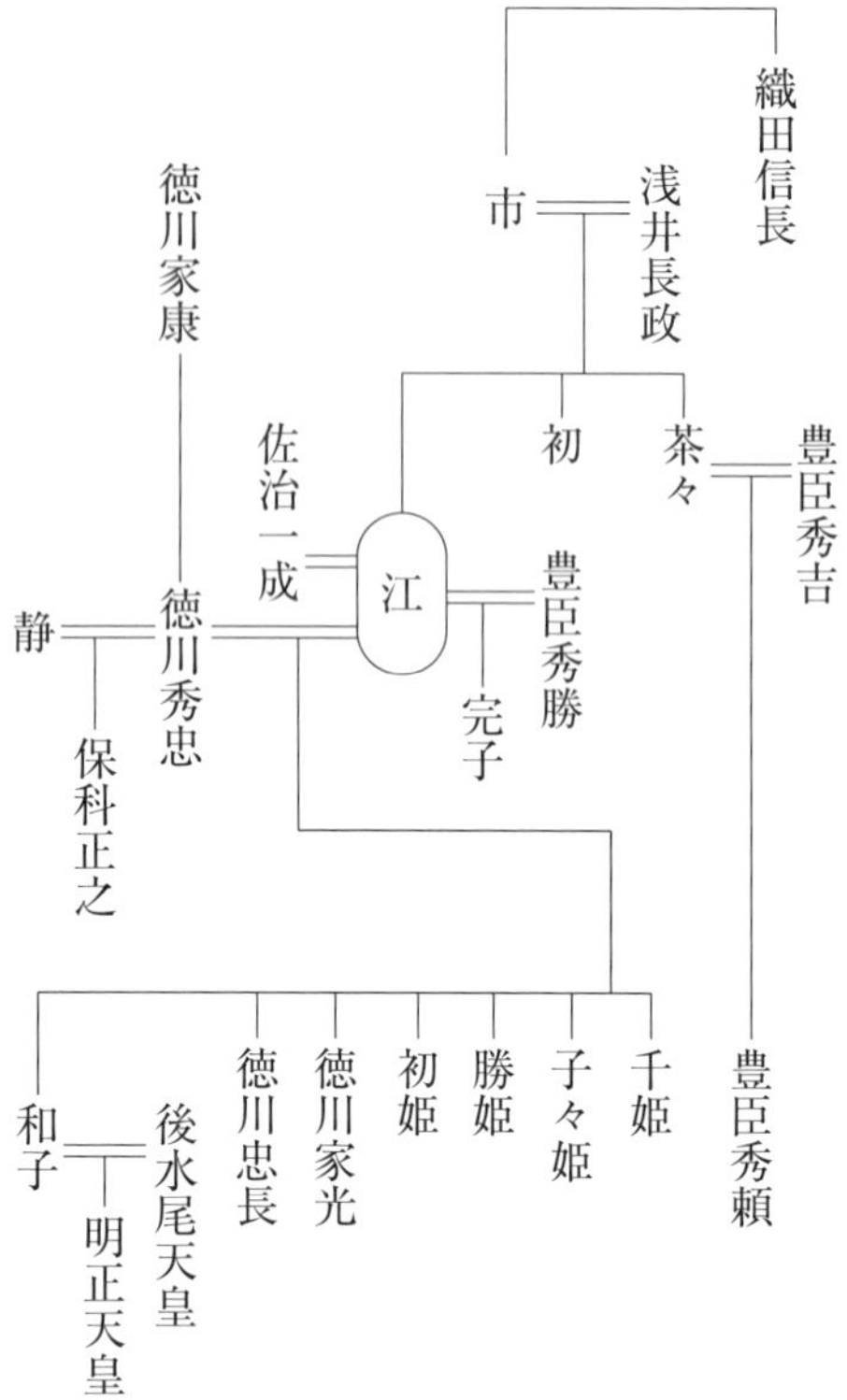

図１　江（養源院所蔵）

一六〇九）に嫁ぎます。江は、尾張国（愛知県）の郷士《ごうし》佐治《さじ》一成《かずなり》の妻になりました。

しかし、天正一二年（一五八四）秀吉と家康が、尾張の小牧《こまき》・長久手《ながくて》（愛知県小牧市・長久手市）で合戦をしたさい、夫の一成が家康方に味方したため、秀吉が怒り、江は無理やり離婚させられました。その後、江は秀吉の養女となり、秀吉の姉の瑞龍院日秀《ずいりゅういんにっしゅう》の二男で、秀吉の養子となった丹波亀山城主（京都府亀岡市）豊臣（羽柴）秀勝《ひでかつ》に嫁ぎます。ところが、秀勝は朝鮮侵略のさい、文禄元年（一五九二）に戦地で病死します。江は再び秀吉の養女となり、文禄四年（一五九五）九月、家康の三男秀忠《ひでただ》に嫁ぎます。

当時、秀吉にとって家康の存在は脅威でした。そこで、秀吉は家康との関係を安定させるために、自分の異父妹の朝日姫《あさひひめ》を家康に嫁がせ（天正一四・一五八六）、さらに養女の江を家康の子秀忠に嫁がせたのです。

一七歳の秀忠に対して、江は六歳年上、三度目の結婚でした。その後、七人の子をもうけ、寛永三年（一六二六）に江戸城西の丸で亡くなりました。

江は、気の強い性格で、江戸城大奥でも大きな力をふるいました。将軍の正室を御台所《みだいどころ》といいますが、歴代の御台所のうち、「大御台《おおみだい》」とよばれたのは、江のみです。

一方、夫の秀忠は父家康に従順で、穏やかな性格だったといわれます。この時代、将軍や大名などが正室のほかに側室をもつことは一般的でした。しかし、江が嫉妬深かったため、秀忠は江にかなり遠慮したといわれます。秀忠の子を身ごもった静《しず》は、江の目を逃れるために江戸城を出て出産し、その子正之《まさゆき》（一六一一～七二）は信濃高遠《たかとお》藩主（長野県伊那市）の保科《ほしな》家の養子となり、育てられました。

秀忠と江の子どものうち、長男家光《いえみつ》は、のちに三代将軍になります。長女の千姫《せんひめ》（一五九七～一六六六）は、はじめ豊臣秀吉と茶々の子秀頼《ひでより》（一五九三～一六一五）に嫁ぎ、大坂城に入りましたが、元和元年（一六一五）の大坂夏の陣で豊臣氏が亡ぶと、姫路（兵庫県）の本多忠刻《ほんだただとき》と再婚しました。

江の二女子々姫《ねねひめ》は、加賀藩（石川県）の世嗣《よつぎ》の前田利常《まえだとしつね》に、三女の勝姫《かつひめ》は越前福井藩主（石川県）の松平忠直《まつだいらただなお》（一五九五～一六五〇）に、四女の初姫《はつひめ》は若狭小浜《おばま》藩主（福井県）の世嗣の京極忠高《きょうごくただたか》に、それぞれ嫁ぎます。五女の和子《かずこ（のちまさこ）》は、元和六年（一六二〇）に後水尾《ごみずのお》天皇（一五九六～一六八〇）に嫁ぎ、のちに女帝となる明正《めいしょう》天皇（一六二三～九六）を生んでいます。

このように、信長を伯父に、秀吉を義兄に、家康を義父にもつ江は、戦国時代から江戸時代という転換期を生き抜き、彼女の血統は、「平和」の江戸時代を通じて、将軍家、天皇家、公家、大名家へと、大きく広がっていったのです。

戦国の終焉

江の死の二八年前、秀吉が亡くなると、家康は政権交代をめざし、豊臣政権を維持しようとする石田《いしだ》三成《みつなり》(一五六〇～一六〇〇)らと対立を深めました。慶長五年(一六〇〇)、両者は関ヶ原(岐阜県)で激突します。東軍(家康方)は約九万人、西軍(三成方)は約八万人でしたが、西軍(三成方)に裏切りが起こるなどして、東軍(家康方)が勝利しました。

家康は、戦後処理として、西軍(三成方)の大名八八家の領地を取り上げ、五家の領地を減らすなど、あわせて六三二万石を没収しました。逆に、東軍(家康方)の大名には、手柄に応じて領地を与えました。さらに、家康は慶長七年(一六〇二)までに徳川家と深いつながりをもつ、六八人の親藩《しんぱん》・譜代《ふだい》大名を成立させ、全国の重要な地域に配して、徳川体制の基礎を固めました。この結果、豊臣秀吉の子秀頼は、摂津(大阪府と兵庫県の一部)・河内(大阪府中部)・和泉(大阪府南部)に約六五万石をもつ一大名にすぎなくなったのです。

同八年、家康は、豊臣秀頼を助けて政治を行う後見職や、豊臣政権の五大老筆頭の地位を辞任します。そして、武家の覇者として征夷大将軍に就任し、江戸幕府を開きます。「幕府」とは、もとは戦場で幕を張って作った陣営のことです。それが転じて、武士の政庁をさすようになりました。

図２　関ヶ原合戦屏風（第一隻，大阪歴史博物館所蔵）

そのわずか二年後の慶長一〇年（一六〇五）、家康は将軍職を子の秀忠に譲り、自らは駿府《すんぷ》で「大御所《おおごしょ》」として、秀忠を助ける政治体制をしきました。将軍を「御所」とよぶのに対して、隠退した前将軍を「大御所」とよびます。これは、徳川家が代々将軍職を引き継ぐことを、全国に示すことにより、「天下（権力）はまわりもち」という戦国時代以来の下剋上の風潮を、はっきりと否定するものでした。

その後家康は、慶長一九年（一六一四）の大坂冬の陣につづき、翌元和元年（一六一五）に大坂夏の陣を起こし、豊臣秀頼がこもる大坂城を総攻撃しました。大坂城は落城し、秀頼と母淀殿が自殺して、豊臣氏は滅びました。

「元和偃武《げんなえんぶ》」ということばがあります。「偃武」とは武器をふせて使わないことです。元和元年の大坂夏の陣を最後に戦国の争乱が終わり、日本に「平和」がおとずれたことをあらわしています。

こうして、徳川家は戦国時代から江戸時代への最終的勝利者となりました。新しい「平和」国家・社会のシステムは、この徳川政権のもとで構築されることになるのです。

図３　徳川家康（名古屋東照宮所蔵）

◇2 首都江戸の誕生

「生まれながらの将軍」

三代将軍徳川家光《とくがわいえみつ》の時代の寛永年間（一六二四～四四）、幕府の統治制度・統治システムが確立しました。

家光は、慶長九年（一六〇四）に、二代将軍秀忠《ひでただ》と正室江《ごう》の子として、江戸城で生まれました。幼名は竹千代《たけちよ》といい、無口で病弱な子でした。一方、弟の国千代《くにちよ》（のち忠長《ただなが》）は利発で活発であったことから、父秀忠と母江は、国千代をかわいがり、次の将軍にしようとしました。しかし、竹千代の乳母《めのと》の春日《かすがの》局《つぼね》は、伊勢神宮（三重県伊勢市）に参詣する女房たちにまぎれて、ひそかに江戸城を抜け出し、駿府《すんぷ》（静岡県静岡市）の大御所家康《いえやす》のもとに赴き、竹千代を将軍にするよう訴えました。ことの重大さに驚いた家康は、急ぎ駿府を立ち、江戸城に入りました。

図4　徳川家光（金山寺所蔵）

家康は、上段（一段高い場所）にすわり、「竹千代、ここへ来なさい」と、手招きして竹千代をよび、自分と同じ上段にすわらせました。これをまねて弟の国千代も上段に上がろうとすると、「国千代はだめだ」と制し、下段に控えさせたという話があります。こうして、家康は三代将軍を竹千代にするという意思を公表したのです。

　弟の国千代は、成人ののち甲斐（山梨県）、駿河（静岡県中部）、遠江（静岡県西部）、信濃（長野県）の四か国のうちで、五五万石の大名となり、駿河大納言《するがだいなごん》とよばれました。しかし、母の江が亡くなると、忠長は素行が悪いという理由で、蟄居《ちっきょ》（家から出られない罰）させられ、幽閉先の上野高崎城（群馬県高崎市）で自害して、二八歳の生涯を終えました。

　江戸城で生まれた家光は、自らの政治を始めるにあたって、大名たちを集め、「祖父（家康）や父（秀忠）は、あなた方と肩を並べて戦をしてきた。しかし、私は生まれながらの将軍である。これからは、あなた方を家来として扱う。もしこれに不満ならば、領地に帰って戦いの準備をするがよい。いつでも相手になる」と、宣言したといいます。家光は、自分が強大な軍事力をもち、これを背景にして全国を支配することを、大名たちに示したのです。

　将軍就任の経緯もあり、家光は祖父家康を尊敬していました。家康は、大坂夏の陣の翌年の元和二年

図５　日光東照宮　唐門

（一六一六）に亡くなると、その遺言により、まず駿河の久能山《くのうざん》（静岡市）に葬られ、翌年下野日光（栃木県日光市）に改葬され、朝廷から東照大権現《とうしょうだいごんげん》という神号を与えられました。寛永一三年（一六三六）、将軍家光は、大名たちにも費用を負担させて、家康のために、豪華な権現造《ごんげんづくり》の社殿を造営し、正保二年（一六四五）朝廷から宮号を許され、東照社は東照宮と改称されました。そして、家光は、多数の家臣を引き連れて、大規模な行列を作り、一〇回も日光に参詣しました。御三家をはじめ、加賀藩前田家、仙台藩伊達《だて》家、鳥取藩池田《いけだ》家など、大名のなかには、徳川家に忠誠を尽くすことを示すために、自分の城や領地に東照宮を建てる者もいました。家光自身は、「自分は死んだのちも、家康公にお仕えしたい」と遺言し、自らの遺体を日光に葬らせました。

家光は、将軍在職中、国家の基本にかかわるさまざまな制度を整えました。幕府の職制＝官僚制度を整備し、大名には参勤交代を義務づけ、江戸城や河川などの普請を課しました。国民に対しては、将軍よりも神の権威を優先させるキリスト教の普及を警戒し、キリスト教信者でないことを調べる宗門改《しゅうもんあらため》を実施しました。さらに、外国との交流を制限する鎖国制度を確立し、農村支配のシステムを整備しました。

家光の時代、江戸時代の基礎となるさまざまな制度が形づくられたのです。

首都江戸の成長

さて、国家統治の中心である江戸の歴史は、天正一八年（一五九〇）八月一日（八朔《はっさく》）の徳川家康の駿河・遠江（いずれも静岡県）など五か国から関東への入国、いわゆる「江戸御打入《おうちい》り」に始まります。従来、家康入国以前の江戸については、未開の土地、寒村というイメージが強くありました。そこに家康が入り、巨大都市江戸を造りあげるというサクセス・ストーリーができあがっていたのです。

しかし、近年この寒村イメージは修正されています。たとえば、明徳三年（一三九二）の品河湊《しながわみなと》（東京都品川区）への入港船の記録『武蔵国品河湊船帳《むさしのくにしながわみなとふねちょう》』によれば、伊勢（三重県）の船が多数到来していました。その後、康正《こうしょう》二年（一四五六）から同三年にかけて扇谷上杉《おうぎがやつうえすぎ》家の家臣太田道灌《おおたどうかん》（一四三二〜八六）が江戸城を築き、平川南口の下平川村（千代田区）には城下町が形成されました。河口の高橋周辺（現在の常盤橋《ときわばし》）は、和泉（大阪府）、越後（新潟県）、相模（神奈川県）、常陸（茨城県）、安房（千葉県）、信濃（長野県）などから、茶、米、銅など、さまざまな物資が集まり、賑わいました。道灌に招かれて京からやってきた京都臨済宗《りんざいしゅう》の僧侶蕭庵龍統《しょうあんりゅうとう》は、「纜《ともづな》を繫《つな》ぎ櫂《かい》を閣《お》き、鱗集《りんしゅう》蟻《ぎ》合《ごう》して日々市を成せり」（『寄《き》題《だい》江《え》戸《ど》城《じょう》静《せい》勝《しょう》軒《けん》詩《し》序《じょ》』）と、その市場の賑わいぶりを記しています。

また、長享二年（一四八八）四月四日には、品川浜で伊勢（三重県）の商船数艘が大風により破損し、数千石の商品米が海に沈んでいます（万里《ばんり》集九《しゅうく》『梅《ばい》花《か》無《む》尽蔵《じんぞう》』）。すなわち、家康入国以前から江戸や江戸湾は、経済や交通の拠点だったのです。家康が関東入国のさい、中世以来の伝統都市の鎌倉（神奈川県鎌倉市）や、戦国大名北条《ほうじょう》氏の本拠の小田原（同小田原市）ではなく、江戸を拠点に選んだのは、当時の江戸の経済的機能をふまえてのことでした。家康の関東入国により、江戸は小田原北条氏の支城がある一地域から徳川領国の中心地（今日の県庁所在地）へと、その性格を変えたのです。

その後、慶長五年（一六〇〇）の関ヶ原の合戦に勝利した徳川家康は、同八年に征夷大将軍に就任し、江戸に幕府を開きました。これにより江戸は、徳川領国の中心地から全国統治の中心地、すなわち首都へとさらに性格を変えたのです。

家康の首都選定については、幕府の公的記録『徳川実紀』に、家康と子の秀忠とのやりとりが残されています。関ヶ原合戦の後に家康が、「この戦いで西軍（三成方）の大名から奪った領地を、東軍（家康方）の功労者に与えるが、その前に、私たちの居城をどこにするか決めなくてはならない。江戸を拠点とするか」と、秀忠に尋ねると、秀忠は「私は、いまだ若く何もわきまえがありません。ただ、天下を経営する場所を居城とすべきだと思います。いずれにしても父上の考えにしたがいます」と答え、この結果、江戸を居城とし、豊臣秀頼《ひでより》を大坂におくことにしました。家康は、大坂を居城とする可能性があったにもかかわらず、自ら江戸を選んだという話です。こうして、江戸は全国統治の中心＝首都として成立したのです。江戸の首都機能について、家康は「江城《こうじょう》は政令の出る所、天下《てんか》諸侯《しょこう》朝覲《ちょうきん》の地なり」（『徳川実紀』）と、江戸城が法令・政令の出るところ、そして全国の大名たちが参勤して集まるところと述べています。

また、八代将軍吉宗《よしむね》（一六八四〜一七五一）は、参勤交代に関する会話のなかで、「大猷院《たいゆういん》殿のころまで府内ものさびしきさまにて国都の体《てい》を得ざりし故、当時の宰臣《さいしん》等《ら》唯《ただ》府内《ふない》にぎはふべき為にはからひしこと」（『徳川実紀』）と、三代将軍家光のころまで江戸は寂しく、「国都」＝首都としての体裁をなしていなかったため、当時の老中らが相談して寛永一二年（一六三五）に参勤交代制度を創始したと述べています。この吉宗の参勤交代の理解が正しいのかは不明ですが、参勤交代の制度化により、全国約二六〇の大名は一年おきに江戸と国元《くにもと》を往復することになりました。この結果、江戸には諸藩の上《かみ》・中《なか》・下《しも》屋敷が立ち並び、さらに幕府の旗本や御家人などの屋敷も整備され、吉宗が述べたように、江戸は首都としての景観を備えるにいたったのです。

幕末・維新期の慶応四年（明治元年、一八六八）三月、旧幕臣の勝海舟《かつかいしゅう》（一八二三～九九）は、薩摩藩の西郷隆盛《さいごうたかもり》（一八二七～七七）との江戸開城をめぐる会談において、「皇国《こうこく》の首府」「天下の首府」である江戸で戦火を交え、「国民」を殺すような事態になることは、徳川家のためにならず、元将軍の徳川慶喜《よしのぶ》（一八三七～一九一三）も、けっして望んでいないと、江戸を首府＝首都とする認識を示し、官軍の総攻撃の中止を願っています（『幕末日記』）。

以上のように、江戸時代を通じて、江戸は首都＝政治の中心地と考えられていたのです。

江戸はまた、外交の中心地でもありました。鎖国体制のもと、元禄三年（一六九〇）に来日したドイツ人医師のエンゲルベルト・ケンペルや、安永四年（一七七五）のスウェーデンの植物学者カール・ピーター・ツンベルク（ツェンベリー）など、日本を訪れた多くの外国人たちは、江戸を首都と認識し、記録に残しています。朝鮮国王が江戸幕府の将軍の代替わりなどに派遣する通信使や、琉球王《りゅうきゅう》が将軍と琉球王の代替わりに派遣する慶賀使《けいがし》と謝恩使《しゃおんし》、さらには長崎出島のオランダ商館に常駐する商館長（カピタン）が毎年将軍に挨拶する江戸参府（寛政二年・一七九〇以後は四年に一度）など、江戸は外交の中心地としても機能しました。

幕末期の安政五年（一八五八）の開港以後には、江戸の南郊に諸外国の公使館が設けられました。アメリカは麻布善福寺《ぜんぷくじ》、イギリスは上高輪《かみたかなわ》の東禅寺《とうぜんじ》、フランスは三田の済海寺《さいかいじ》、オランダとスイスは芝の西応寺《さいおうじ》（のち長応寺《ちょうおうじ》）、ロシアは芝の天徳寺《てんとくじ》、プロシアは芝の増上寺《ぞうじょうじ》門外の赤羽応接所《あかばねおうせつじょ》（いずれも港区）など、江戸郊外の場所が選ばれました。この時期、芝や品川地域は外交の舞台となり、万延元年（一八六〇）の尊王攘夷派によるアメリカ公使館通訳ヒュースケンの殺害、文久元年（一八六一）の東禅寺のイギリス公使館襲撃など、深刻な政治的事件の場にもなったのです。

明暦の大火

さて、江戸が首都となって五〇年余すぎた明暦《めいれき》三年（一六五七）正月一八日から二〇日にかけて、大火が江戸を襲います。この「明暦の大火」によって、江戸はその景観と構造を大きく変えることになりました。この火災により、江戸城の建造物のほか、藩邸一六〇余、旗本屋敷七七〇余、寺社三五〇余、町屋四〇〇町余、橋梁《きょうりょう》六一が焼けました。市街地の三分の二近くが焼け、死者は一説では一〇万二〇〇〇人ともいわれます。幕府は、死者を葬るために本所《ほんじょ》（墨田区）に回向院《えこういん》を創建しました。

明暦の大火をきっかけに、江戸城と江戸の町は、大きく変貌しました。権力の象徴としてそびえていた五層の天守閣は、「平和」の時代には不要であると再建されず、天守台が残されるのみになりました。延焼の教訓から城内に空き地をつくるため、四代将軍家綱《いえつな》の弟綱重《つなしげ》や綱吉《つなよし》の屋敷、御三家（尾張、

図6　明暦の大火（『武蔵鐙』，東京都立中央図書館所蔵）

紀伊、水戸）以下の諸大名の屋敷は、すべて城外に移されました。諸大名は、上・中屋敷のほかに、避難用の下屋敷を与えられました。上屋敷は常盤《ときわ》橋から丸の内、日比谷、霞ケ関《かすみがせき》（いずれも千代田区）、愛宕山《あたごやま》下（港区）などに集中し、町人地や郊外の農地に抱屋敷《かかえやしき》を求める大名もいました。

大大名の上屋敷の規模は大きく、本郷の加賀前田家（文京区、現東京大学）は一〇万四〇〇〇坪、市ケ谷の尾張徳川家（新宿区、現防衛省）は七万五〇〇〇坪におよびました。旗本屋敷は半蔵門（千代田区）から四谷見附《みつけ》（同）にいたる外堀や、九段（同）から神田（同）にかけて多く見られました。

寺社も郊外に移転しました。山王《さんのう》社は三宅坂上（千代田区）から現在地の溜池《ためいけ》上（同）に、神田明神下（同）で全焼した東本願寺は浅草（台東区）に、日本橋横山町（中央区）の西本願寺は築地《つきじ》（同）に、それぞれ移りました。霊岸島《れいがんじま》（中央区）の霊岸寺は深川（江東区）に、本郷元町（文京区）の吉祥寺《きつしようじ》は駒込（同）に移りました。こうして、浅草、下谷《したや》、谷中《やなか》（いずれも台東区）、牛込《うしごめ》、四谷（いずれも新宿区）、赤坂、芝、三田（いずれも港区）、品川（品川区）など、江戸の郊外に新たに寺町《てらまち》が成立したのです。

一方、町人地には、防火用・避難用の空き地が設定されました。幕府は、神田白銀町《しろがねちよう》（千代田区）の町民を立ち退かせ、跡地に赤坂見附《みつけ》までの防火用の堤防である火除堤《ひよけづつみ》を造成しました。また、中橋広小《なかばしひろこう》路《じ》（中央区）、両国広小路（同）、上野広小路（台東区）など、防火用の道幅の広い道路である広小路を設定しました。北槙町《きたまきちよう》（中央区）、筋違門《すじかいもん》（千代田区）、御茶の水（同）などには、防火用に空き地である火《ひ》除地《よけち》を設定しました。防火用地の創出は、一方で住民を強引に移転させるものでしたが、首都江戸の防災機能は、確実に強化されました。

大火後、江戸東郊の本所《ほんじよ》（墨田区）、深川（江東区）地域の開発も進みました。万治二年（一六五九）、幕府は本所築地《ほんじよつきじ》奉行を置きました。竪《たて》川・横川などの運河を開き、大名や旗本の屋敷割や町屋の区画を整備しました。同年から寛文元年（一六六一）にかけて、それまで軍事的理由から架橋を許されなかった隅田川に大橋を架けました。当時、江東地域は下総国であり、大橋は武蔵国と下総国を結ぶことから両国橋と俗称されましたが、元禄六年（一六九三）に新大橋が架設されると、両国橋は公式名称になりました。

明暦の大火は、江戸町人が江戸西郊の武蔵野に移り、新田開発を行う契機にもなりました。たとえば、万治元年（一六五八）、神田連雀《れんじやく》町（千代田区、連雀とは行商人のこと）の町民二五戸は、居住地を火除地として没収されたため、多摩に移住し連雀新田（三鷹市）を開きました。翌二年には、同じく明暦の大火の被害を受けた本郷元町の吉祥寺《きつしようじ》（文京区）門前の住人が、吉祥寺村《きちじようじむら》（武蔵野市）を開き、万治年間（一六五八～六一）ころには、芝西久保城山町《にしくぼしろやまちよう》（港区）の住民が西窪《にしくぼ》新田（武蔵野市）を開きました。

江戸の首都機能は、江戸時代を通じて蓄積・強化されました。同時に、全国各地の城下町も地域センターとして整備が進められました。今日の県庁所在地の多くは、江戸時代の城下町の系譜をひいています。県庁所在地には、首都東京と同じく、大手町、御徒《おかち》町、同心《どうしん》町、鷹匠《たかじよう》町など武士に関する地名、細工《さいく》町、紺屋《こんや》町、大工《だいく》町、鍛冶《かじ》町など職人に関する地名、材木町、呉服町、問屋《とんや》町、両替町など商人に関する地名が多数見られます。これら全国の城下町は、首都江戸のミニチュア版として、地域統治の中心的機能をになったのです。

こうして、将軍家光の寛永年間、全国的規模で《首都江戸―県庁城下町》という、政治・経済・文化のネットワークができあがりました。

③ 鎖国と日本人

四つのルート

江戸時代の中期、近江（滋賀県）出身の対馬藩《つしま》（長崎県対馬市）儒学者の雨森芳洲《あめのもりほうしゅう》（一六六八〜一七五五）は、著書『隣交始末物語《りんこうしまつものがたり》』において、日本が外国と接する地域は、西は薩摩国（鹿児島県）、長崎（長崎県長崎市）、対馬、東は松前（北海道松前郡）、と述べています。すなわち、長崎における中国・オランダとの貿易、対馬における朝鮮との外交、薩摩における琉球との交易、松前におけるアイヌとの交易、この四つが、江戸時代に日本が外国と接するルートだというのです。

これらのルートを通じた日本の対外システムを「鎖国」とよびます。ただし、「鎖国」という語は、鎖国体制が確立した寛永年間（一六二四〜四四）には見られず、元禄三年（一六九〇）にオランダ東インド会社の医師として長崎の出島に渡来したドイツ人のエンゲルベルト・ケンペルが著した『日本誌』の付録を、享和元年（一八〇一）に蘭学者の志筑忠雄《しづきただお》が訳して、「鎖国論」と題したことが最初といわれます。その後、幕末期に「開国」が重要な政治テーマとなり、幕府の対外方針に批判的な意見が強まるなかで、「鎖国」の語は広がっていきました。

以下、四つのルートを見ていくことにします。

対馬ルート

江戸時代、朝鮮との外交は対馬ルートを通じて行われました。対馬は日本列島と朝鮮半島の中間に位置し、古代以来、日朝交流の仲介の役割を果たしていました。対馬の経済も、日朝貿易によって支えられていました。

日朝両国は、文禄元年（一五九二）から慶長三年（一五九八）までの、豊臣秀吉《とよとみひでよし》の二度にわたる朝鮮侵略（文禄の役・慶長の役）により、国交断絶の状態にありました。しかし、徳川家康《とくがわいえやす》や対馬藩主宗《そう》氏の努力により、慶長一二年（一六〇七）にはじめて朝鮮から使節が来日します。また、侵略のさいに日本に連行した朝鮮人を帰国させるなどして、両国の関係は改善されていきました。同一四年には、対馬藩と朝鮮の友好関係が回復したことを示す修好通商条約の己酉《きゆう》約条も結ばれました。

図７　朝鮮通信使の一行（『琵琶湖図』，琵琶湖文化館所蔵）

その後、寛永一三年（一六三六）に朝鮮から通信使が派遣され、以後、文化八年（一八一一）までの間に、江戸幕府の将軍就任の祝賀などの名目で、慶長一二年の最初の使節から数えると、計三回の使節と九回の通信使が来日しました。通信使の一行は、正使、副使のほか、通訳、学者、楽士など、総勢四〇〇人から五〇〇人にのぼる大規模で華麗なものでした。一行は、漢城《ソウル》を出発し、釜山《プサン》から船で、瀬戸内海を通って大坂に上陸します。大坂から江戸までは、東海道を陸路で旅しました。異国人の珍しい行列を見ようと、街道沿いに人々が大勢集まり、通信使は各地で大歓迎されました。現在、滋賀県の近江八幡市《おうみはちまん》には、通信使が通った朝鮮人街道とよばれる道があります。この道は、参勤交代の大名行列も通行を禁止される特別な道でした。また、通信使が滞在した牛窓《うしまど》（岡山県瀬戸内市）では、現在でも、祭りのときに子どもたちが、通信使に由来する唐子踊《からこおど》りを踊っています。さらに江戸では、祭礼のときに、通信使の行列をまねた出し物も見られました。

対馬藩の宗氏は、日朝間の外交や貿易のために、釜山に設けられた倭館《わかん》（草梁《そうりよう》倭館）とよばれる屋敷に藩士を派遣しました。倭館には、約五〇〇人の日本人が常駐し、勤務していました。対馬藩の外交を担当した雨森芳洲は、朝鮮語の入門書などを著し、日本と朝鮮の交流に尽くしました。このころ、日本人と朝鮮人の会話は、たがいに漢字を使ってやりとりすることが多かったのですが、芳洲は「相手の国の言葉が話せなくては、親しい交流はできない」と、朝鮮に滞在して朝鮮語を学びました。また、外交の精神として、「互いにあざむかず、あらそわず、真実をもってまじわることが大切である」と説きました。こうして、日本は朝鮮を「通信国」（信頼をかよわせる国）として認識するようになりました。

長崎ルート

天文《てんぶん》一八年（一五四九）、イエズス会宣教師のスペイン人フランシスコ・ザビエルが、日本にキリスト教を伝えて以来、スペインやポルトガルの旧教《カトリック》の宣教師は、日本各地で活発に布教活動を行いました。キリスト教は、九州地域を中心に急速に広がり、信者の数は、天正一〇年（一五八二）に約一五万人、慶長五年（一六〇〇）に約三〇万人、同一〇年に約七〇万人と急増しました。信者の身分も、公家・大名から一般の武士・町人・農民まで幅広いものでした。戦国時代以降の争乱のなかで、人々は精神的・経済的に不安定な状況におかれ、これに対して宣教師たちは、医療・福祉・教育などの分野の活動により、民衆の不安や不満を解消していったのです。

しかし、「神」への忠誠を説くキリスト教の教義は、幕府の目ざす秩序と抵触しました。幕末期、キリスト教の真理を求めて日本を脱出しアメリカに渡った新島襄《にいじまじょう》（一八四三〜九〇、帰国後、同志社を結社）は、自叙伝『新島襄・わが人生』（日本図書センター）において、脱出前の心境を次のように記しています。「神を自分の天父と認めた私は、最早両親との絆を断ちがたいものとは感じなくなった。親子の関係についての孔子の教えは、あまりに狭隘《きょうあい》であり不条理であることを私は初めて発見した。その時私は叫んだ。「自分はもう両親のものではなく、神のものだ」。父の家庭に私を固く結びつけていた強い絆は、その瞬間、ばらばらに切れた……自分は地上の父に仕える以上に天の父に仕えなければならない。こういう新しい考えに勇気づけられて、私は、一時主君を見棄て、また一時自分の家庭と国家を立ち去ろうと決心した」。当時の新島が、キリスト教の教義をどこまで正しく理解していたか不明ですが、こうした考えが、江戸初期に幕府が確立しようとしていた儒学の「忠孝」（主従・父子）を基礎とする社会のあり方と鋭く対立することは、容易に想像されます。

天正一五年（一五八七）、豊臣秀吉は、長崎が事実上キリスト教会の領地となっていることに衝撃をうけました。秀吉は、日本を「神国《しんこく》」と位置づけ、キリスト教を「天下のさわり（さまたげ）」として、「バテレン（宣教師）追放令」などキリスト教を禁止する政策を実施しました。しかし、旧教国であるスペインやポルトガルは、貿易と布教を一体のものと考えていたため、日本が両国と貿易を続けようとするかぎり、徹底した禁教は不可能でした。

そこで江戸幕府は、慶長一七年（一六一二）以後、本格的にキリスト教の弾圧を始めました。その理由は、スペインやポルトガルより遅れて日本に進出した新教国《プロテスタント》であるオランダが、「スペインやポルトガルは、日本を植民地にしようとしている」と告げたことによるといわれます。オランダは、日本との貿易の独占をねらい、スペインやポルトガルを撤退させようとしていました。

元和二年（一六一六）八月、幕府は中国以外の外国船の寄港地を長崎と平戸（長崎県平戸市）の二港に限りました。イギリスはオランダと同じ新教国でしたが、元和九年（一六二三）、平戸の商館を閉めて、日本との貿易から退きました。理由は、イギリスが東アジアや東南アジアでの貿易において、オランダとの競争に敗れたため、日本が必要としていた生糸や絹などの商品を十分に供給できなくなったからです。

寛永元年（一六二四）、幕府はスペイン船の来航を禁止します。同六年には、長崎でキリシタンをとらえるために、キリストやマリアの像を踏ませる絵踏みを実施しました。同一二年には、外国船の来航を長崎に限るとともに、日本人の海外渡航と帰国を禁止します。翌一三年には、長崎港内に出島《でじま》（人工島）

を築き、長崎市中のポルトガル人をすべてここに移しました。

寛永一四年（一六三七）一〇月から翌年二月にわたって、肥前島原（長崎県島原市）と肥後天草（熊本県天草市）で、大規模なキリシタン一揆である島原天草一揆が起こりました。島原地域は、キリシタン大名有馬晴信《ありまはるのぶ》（一五六七〜一六一二）の旧領であり、キリシタンである有馬旧臣たちが勢力をもっていました。新領主となった松倉《まつくら》氏は、寛永四年から八年にかけて、キリシタン弾圧を徹底し、さらに領内の検地（土地の測量）を行い、厳しく年貢を取り立てました。天草地域も、キリシタン大名小西行長《こにしゆきなが》（?〜一六〇〇）の旧領でしたが、関ヶ原の戦いののちの慶長六年（一六〇一）、肥前（佐賀県）唐津《からつ》藩寺沢《てらさわ》氏の領地となり、ここでも厳しい検地による年貢取り立てや、

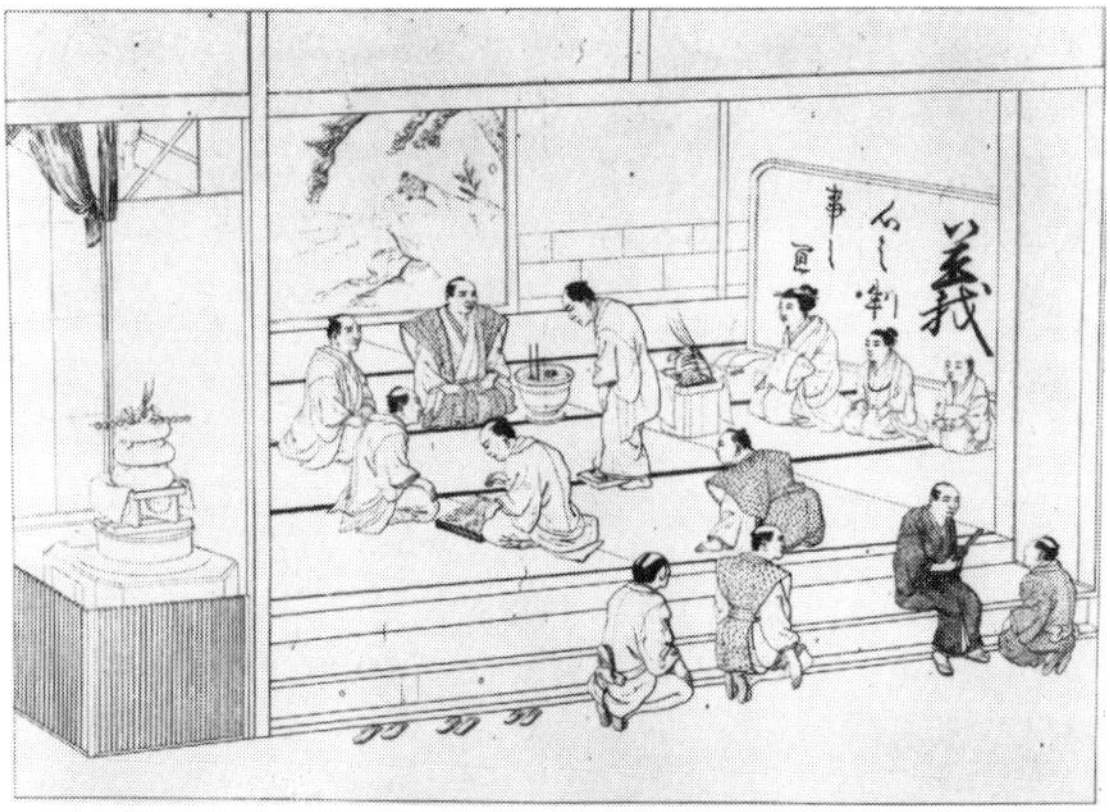

図８　絵踏み（シーボルト『日本』）

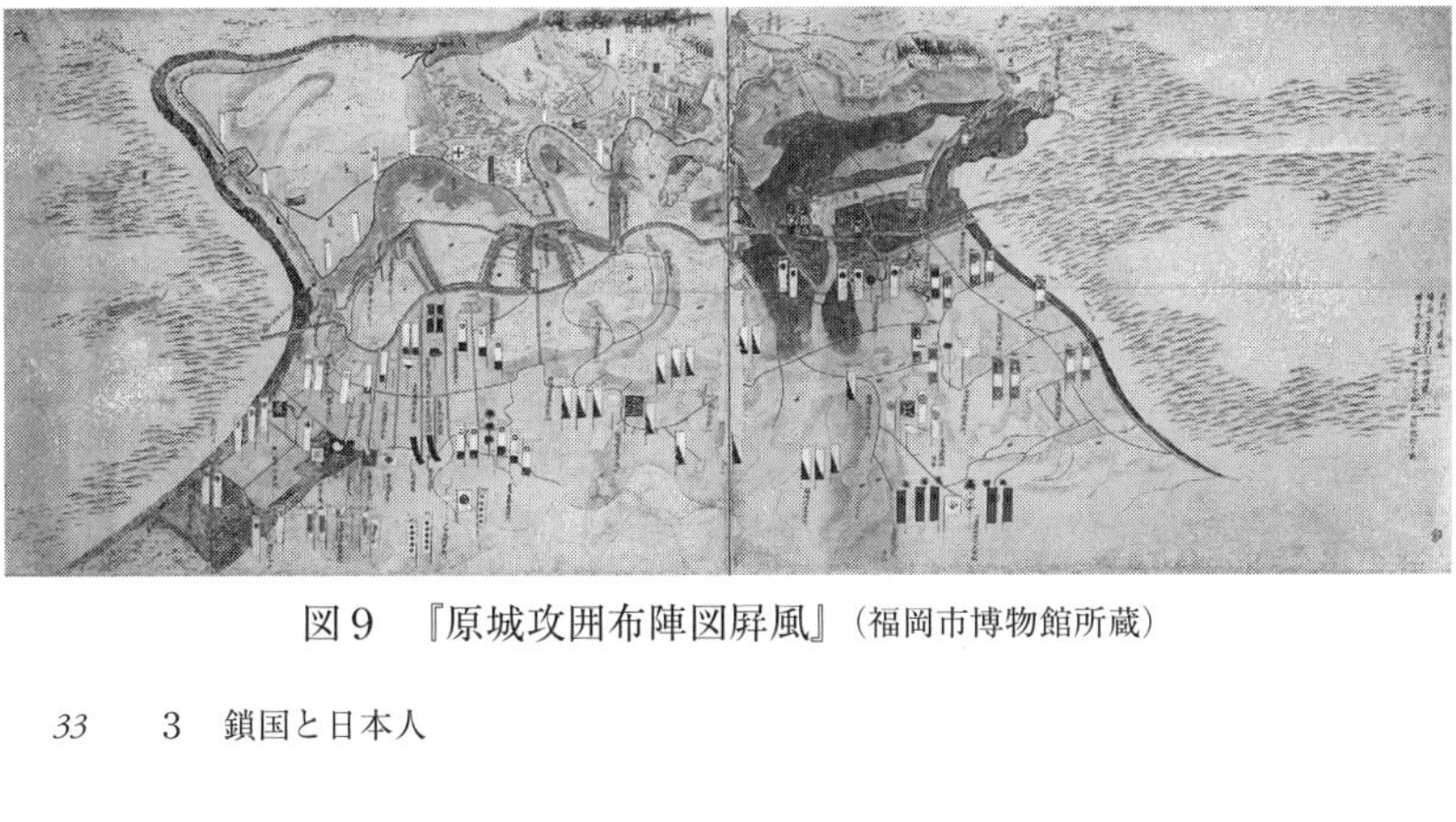

図９　『原城攻囲布陣図屛風』（福岡市博物館所蔵）

キリシタン弾圧が行われました。

こうしたなか、寛永一一年（一六四三）以来の飢饉をきっかけに、同一四年一〇月島原の農民が、領主松倉氏の厳しい支配に抗して、立ち上がりました。彼らは松倉軍をやぶり、天草の農民もこれに呼応しました。小西氏旧臣の土豪益田好次《ますだよしつぐ》の子とされる天草四郎時貞《あまくさしろうときさだ》（一六二一？～三八）を中心に、浪人たちが一揆の指導者となりました。彼らは、旧有馬氏の城で、当時廃城となっていた原城《はらじょう》に、総勢三万七〇〇〇人余りで立て籠もりました。四郎は、キリシタンを救う神の子として尊敬され、農民たちを励まし、奮い立たせました。

しかし、幕府は大軍を送り、兵糧攻めをするなど激しく攻撃しました。一揆勢は粘り強く戦いましたが、食料や武器の補給が続かず、翌一五年二月、ついに原城は陥落し、一揆勢は皆殺しにされました。一揆ののち、島原領主の松倉氏は領地を没収され、天草領主の寺沢氏は領地を減らされ、その後断絶しました。この一揆を最後に、幕末にいたるまで、日本国内では大規模な戦闘は消え、「平和」が続きました。幕府は、島原天草一揆をへて、禁教や鎖国体制をいっそう強化していきます。

寛永一六年（一六三九）、幕府はポルトガル船の来航を禁止し、九六年にわたるポルトガルとの貿易に終止符をうちます。幕府の統制はオランダにも及び、同一八年には、平戸のオランダ商館をこわし、すべてのオランダ人を長崎の出島に移したうえで、オランダ船の入港を長崎一港にかぎりました。

出島のオランダ商館長《カピタン》は、寛永一八年（一六四一）から安政六年（一八五九）まで、毎年貿易を許可されたお礼に、海外情勢をしるした報告書『和蘭風説書《オランダふうせつがき》』を、幕府に提出しました。『和蘭風説書』は、オランダ通詞が翻訳し、老中に送りました。先述のように、商館長は、毎年春に江戸の将軍のもとに挨拶に行きました（江戸参府）。江戸の人々のなかには、商館長が滞在した長崎屋（日本橋本石町《ほんごくちょう》）を訪れ、海外の情報を得ようとする人もいました。人々は、最新のヨーロッパ情報に強い関心をもっていたのです。

元禄二年（一六八九）には、長崎に中国との貿易のために唐人屋敷《とうじんやしき》を設け、中国人約二〇〇〇人の居住地をここに限定しました。約一万坪の敷地には、二階建て二〇棟の住居のほか、店や寺院などが並び、周りは塀で囲まれ、日本人の町と区分されていました。日中貿易の通訳をつとめる日本人の唐通事《とうつうじ》は、中国船が長崎に入港すると、中国人から情報を集め、報告書『唐船風説書《とうせんふうせつがき》』を作成し、老中に提出しました。『唐船風説書』もまた、幕府が中国を中心とする大陸情勢を知るための貴重な情報源になりました。

オランダと中国は、日本と正式な国交がないまま交易関係を結んだことから、「通商国」（貿易国）とよばれました。長崎は、江戸時代を通じて、海外からの貿易品や情報・文化の中継地として位置づけられ、商業都市・国際都市として栄えました。

薩摩ルートと松前ルート

一四世紀、琉球は沖縄本島に中山《ちゆうざん》、北山《ほくざん》、南山《なんざん》の三王国が並び立つ三国時代を迎えました。その後一四二九年、中山が三山を統一し、琉球王国をたて、都を首里《しゆり》（沖縄県那覇市）におきました。琉球王国は、東南アジアや東アジアを結ぶ中継貿易を行い、那覇《なは》は諸国の船が往来する国際都市として栄えました。

しかし、一六世紀末になると、豊臣秀吉が朝鮮侵略を企図し、琉球に対して島津《しまづ》氏への協力を命じました。その後、慶長一四年（一六〇九）には家康の許可のもと、薩摩藩の島津家久《いえひさ》（一五七六〜一六三八）が武力で琉球を征圧し、検地を行い石高八万九〇〇〇石を打ち出しました。農民から武器を取り上げる刀狩や、武士と農民の身分を明確にする兵農分離をすすめ、支配を強めました。この結果、琉球王の尚《しょう》氏は薩摩藩島津氏に臣従し、島津氏は琉球から黒砂糖や貿易品を税として取り立てるようになりました。一方で、琉球は薩摩藩の指示のもと、中国との朝貢関係も続けました。琉球は、二年に一度中国に貢物を献上し、使者が来たときは、日本の風俗や習慣を隠しました。薩摩藩は、琉球と中国の朝貢貿易も管理し、琉球に琉球産の砂糖を中国へ上納させる一方、朝貢貿易によって得た中国の産物を薩摩に送らせました。

寛永一一年（一六三四）、三代将軍家光《いえみつ》が島津家久にあてた朱印状には、薩摩国（鹿児島県西部）、大隅国（同東部）、日向国（宮崎県）で計六〇万五〇〇〇石、また琉球国で一二万三七〇〇石の領地を与えると記されています。

同年、琉球王国は、家光の将軍就任にさいし祝賀使節を送ります。これをはじめとして、以後将軍の代替わりごとに慶賀使《けいがし》、また琉球国王がかわるごとに、これを感謝する謝恩使《しゃおんし》を江戸に送りました。これら琉球使節は、寛永一一年から文化三年（一八〇六）までに一八回を数えました。幕府は、琉球使節の行列に中国風の衣装を着ることを命じ、異民族の琉球人が徳川将軍に朝貢しているように演出し、将軍の偉大さを誇示しました。

一方、北方の蝦夷地《えぞち》（北海道）では、アイヌの人々が暮らし、独自の文化を発展させていました。慶長九年（一六〇四）、幕府は松前藩主が蝦夷地でアイヌの人々と独占的に交易することを認めました。蝦夷地南部を支配する松前藩は、寒冷な気候のために、領地で米がとれませんでした。そこで、藩士がアイヌの人々と交易して、ニシン、サケ、コンブなどの海産物や、毛皮、木材、鷹などを入手することを許したのです。アイヌの人々は、千島《ちしま》列島、樺太《からふと》（サハリン）、中国東北部とも交易しており、松前藩はさらに北方の産物も手に入れることができました。

しかし、本州から蝦夷地に渡った人々（和人）は、アイヌの人々の漁場を荒らしたり、蝦夷地の奥地に入り、アイヌの人々の生活を脅かすようになりました。松前藩の強引で不平等な取り引きも、アイヌの人々を苦しめました。これに対して、寛永二〇年（一六四三）、西蝦夷地のアイヌの人々が、首長ヘナウケを中心に松前藩に対して蜂起しましたが、松前藩は鎮圧軍を送り、これを制圧しました。その後、寛文九年（一六六九）、東蝦夷地のシブチャリ（静内）を拠点とするシャクシャインが率いたアイヌの人々二〇〇〇人が立ち上がりました。二七三人の和人が殺害され、商船一七隻が襲われましたが、鉄砲を装備した松前藩を、津軽・南部・秋田・仙台など東北諸藩が支援し、アイヌを圧迫しました。優位に立った松前藩は、シャクシャインに和議を申し入れ、その祝宴で彼を殺しました。首長を失い、反乱は一気に終息し、以後アイヌ社会は、松前藩の強い統制のもと、日本に同化していきました。

こうして、江戸幕府は、日本列島の南の琉球と、北の蝦夷地を含む形で、その支配を確立していったのです。

「鎖国」の意義

以上のように、「鎖国」とは、幕府が対馬・長崎・薩摩・松前の四つのルートを通じて、対外関係を安定させるシステムでした。鎖国システムのもと、日本人は海外への往来を禁止されたのです。

「鎖国」の説明として、従来、閉鎖的・抑圧的なイメージが強調されてきました。この背景には、「鎖国」とは、日本人の対外関係を遮断した、遅れた前近代的な国家体制、近代と断絶した古い外交体制という認識がありました。しかし、「国家—国民」の関係から「鎖国」を見直すならば、新たな評価が可能になります。すなわち、「鎖国」とは、日本史上はじめて国家が対外関係において国民を管理する時代が到来したことを意味しました。今日、私たちは外国に出かけるさい、パスポートを通じて審査を受け出国を許され、帰国のさいにも同様の手続きを行います。国家が国民の出入国を管理するシステムです。この制度のもとで、治安や疫病の流行などが著しく悪化した地域への国民の出入りを、国が制限することもありえます。こうした「国家—国民」関係の原型《プロトタイプ》を、「鎖国」に見ることができるのです。これと関連して、江戸時代に、国内において宗門人別改帳《しゅうもんにんべつあらためちょう》や全国人別《にんべつ》調査などにより、「国家」が「国民」を把握・管理する体制が整備されたこともあげられます。江戸幕府は、日本史上初めて列島規模で「国民」を管理した政府でした。江戸幕府は、対外的「国民」管理システムを構築することによって戦争を回避し、国内の「平和」を維持したのです。

さて、江戸時代の列島社会には、朝鮮侵略のさいに捕えられ、日本に連行された朝鮮人や、その子孫たちも生活していました。たとえば、伊予（愛媛県）宇和島《うわじま》城主の藤堂高虎《とうどうたかとら》（一五五六〜一六三〇）に捕えられ、京都で藤原惺窩《ふじわらせいか》（一五六一〜一六一九）などに大きな影響を与えた儒学者の姜沆《カンハン》や、佐賀の鍋島直茂《なべしまなおしげ》（一五三八〜一六一八）に捕えられ有田焼《ありたやき》（伊万里焼《いまりやき》とも）を始めた陶工の李参平《イサンピョン》などは、先進的な知識や技術をもって日本文化の発展に寄与しました。

また、前肥前平戸藩主の松浦静山《まつらせいざん》（一七六〇～一八四一）は、一九世紀前半の随筆『甲子夜話《かっしやわ》』において、高麗宗五郎《こまそうごろう》という人物が、江戸城の表台所人《おもてだいどころにん》に就任した話を記しています。静山は、高麗という名が隣国のものであるので、ある人に事情を尋ねたところ、高麗は、以前朝鮮から日本に帰化した者で、本来は朴《パク》といい、三代将軍家光の時代に先祖が幕府に仕え、その子孫が旗本や御家人を勤めたと教えられます。

さらに、江戸の小日向水道端《こひなたすいどうばた》（文京区）の僧十方庵敬順《じっぽうあんけいじゅん》は、著書『遊歴雑記《ゆうれきざっき》』で、友人の斧生源内《おのうげんない》について、その先祖が朝鮮侵略のさいに連行され、今は御家人として江戸城本丸の玄関番を勤めていることを記しています。

その他、御三家の一つ紀州藩では、朝鮮から連行された李《り》一恕《いつじょ》を祖先とする儒家が記され（『南紀徳川史』第六冊）、寛政改革期の京都町奉行所与力の神沢《かんざわ》杜《と》口《こう》の随筆『翁草《おきなぐさ》』にも、紀州藩士として李氏と呉氏の名前が見られます。播磨小野藩の一柳《ひとつやなぎ》氏の家臣団帳にも、「高麗国之人　参次」の記述が見られます。薩摩藩では、連行した陶工らによる村を作らせています（橘南谿《なんけい》『東西遊記』）。その他、江戸小石川の御用商人（『遊歴雑記』初編2）、平戸城下の陶工《とうこう》（『甲子夜話』）、長崎平戸町の町人（『九州史料叢書37・長崎平戸町人別帳』）など、江戸時代、多くの朝鮮人の存在が知られます。

すなわち、江戸社会には、武士・学者・技術者・商人など、さまざまな朝鮮人がいたのです。先に見たように、江戸社会には、アイヌ人、琉球人、長崎出島のオランダ人、唐人屋敷の中国人なども生活していました。鎖国とは、けっして日本人だけの社会を作ることではなく、さまざまな少数派《マイノリティ》を含む社会でもあったのです。

④ 官僚になった武士

武断政治と慶安の変

江戸幕府の初代将軍徳川家康《とくがわいえやす》から三代将軍家光《いえみつ》の時代までの政治は、武力によって諸大名を押さえ、国を安定させる「武断《ぶだん》政治」とよばれるものでした。武断政治は、たしかに幕府の権力を強めましたが、一方では多くの大名を取り潰したため、大量の牢人が発生しました。牢人たちは、治安・風俗の悪化の要因となり、深刻な政治課題となっていました。

慶安四年（一六五一）四月二〇日、三代家光は四八歳で亡くなり、子の家綱《いえつな》がわずか一一歳で将軍に就任します。この幼い将軍を補佐したのが、前将軍家光の遺言をうけた家綱の叔父の保科正之《ほしなまさゆき》（家光の異母弟、一六一一〜七二）をはじめ、家光の代から仕えてきた譜代大名たちでした。このうち、老中の松平伊豆守信綱《まつだいらいずのかみのぶつな》（一五九六〜一六六二）は、才知にたけていたことから「知恵伊豆《ちえいず》」とよばれ、島原・天草一揆の鎮圧など、重要な役割を果たしました。彼ら老中は、家光時代までの将軍主導の専制的な政治から、合議制による政治へと、幕政を転換させました。

家綱が正式に将軍に就任するのは、家光の死から四か月をへた八月一八日のことですが、その間隙を

将軍家・御三家・御三卿略系図

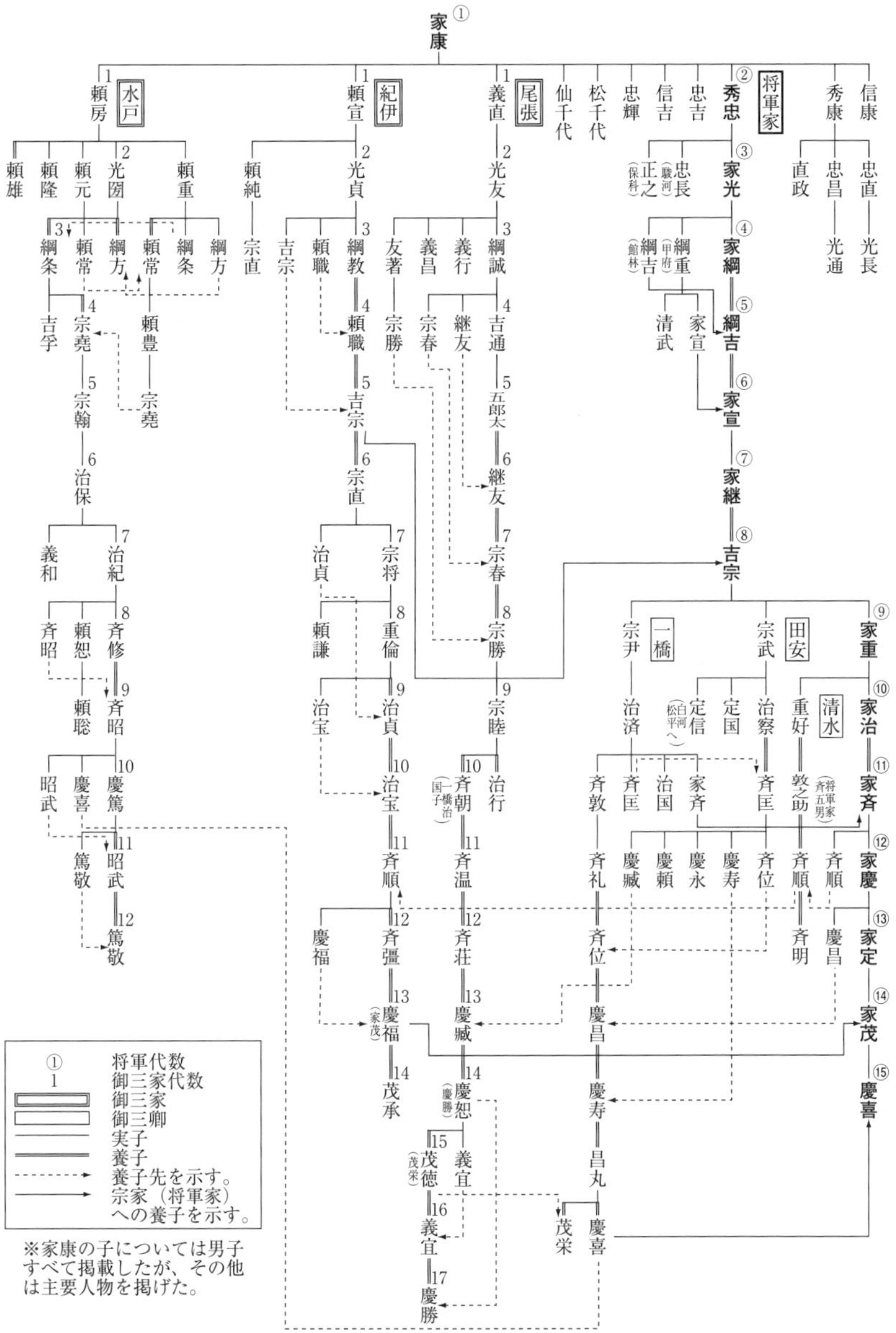

※家康の子については男子すべて掲載したが、その他は主要人物を掲げた。

（注）『徳川諸家系譜』（続群書類従完成会）、『藩史辞典』（秋田書店）、『南紀徳川史』（南紀徳川史刊行会）、『日本史総覧』（新人物往来社）により作成。

ねらうように、二つの大きな事件が起こりました。松平定政《さだまさ》事件と慶安《けいあん》事件です。

慶安四年（一六五一）七月九日、徳川氏一門で三河刈谷《かりや》（愛知県刈谷市）二万石の藩主松平定政は、最近の幕府政治は強圧的で、見捨てられた旗本らの貧困はひどいと訴えました。そして、このままでは、一両年中に大きな争いが起こるとして、旗本救済のために、自分の領地、屋敷、武器などをすべて幕府に返上すると申し出たのです。さらに、定政は髪を剃って僧になり、江戸の町を托鉢《たくはつ》（寄付をつのること）して歩くという行為にでました。

幕府は協議の結果、定政の行動を「狂気」の行いとみなし、七月一八日に定政の身柄を、彼の長兄で伊予（愛媛県）松山藩主の松平定行《さだゆき》に預け、刈谷の領地を没収しました（松平定政事件）。この事件は、幕府権力の強化を最優先する幕政に対する、徳川一門の大名からの厳しい批判でした。

しかし、定政の処分が決まった五日後の七月二三日、幕府はさらに衝撃的な事件に直面します。これは、軍学者の由井正雪《ゆいしょうせつ》（一六〇五～五一）を中心とする二〇〇〇人におよぶ牢人たちの反乱未遂事件です。正雪は、関ヶ原の合戦以後の幕府による大名改易《かいえき》（取り潰し）で発生した多数の牢人たちを救う名目で蜂起を計画しました。計画は、まず江戸で正雪の側近丸橋忠弥《まるばしちゆうや》が決起し、江戸城二の丸の火薬庫を爆破します。次に、江戸の上水の水源に毒を撒《ま》き市中を混乱に陥れ、これと同時に京都と大坂でも牢人たちが蜂起します。そして、首領の正雪は、駿河（静岡県）の久能山《くのうさん》に陣取り、東西の牢人たちを指揮するというものでした。

すでに正雪の一党は、ひそかに京都・大坂に家を借りて武器を隠すなど、反乱の準備をすすめていました。正雪は部下九人を連れて、駿府《すんぷ》（静岡県静岡市）に向かいます。計画は実行に移される一歩手前だったのです。

しかし、一味から密告者がでて、幕府が知るところとなりました。江戸で丸橋忠弥が捕えられ、さらに、駿府に入った正雪一行も、駿府町奉行所や駿府城の警備を担当する大名の配下に包囲され、正雪らは自殺しました。正雪が、死の直前に記した文書には、先の松平定政の行為を忠諫《ちゅうかん》（忠義にもとづくいましめ）として支持し、大老酒井忠勝《さかいただかつ》（一五八七～一六六二）らの政治への批判があったといいます。その後、大坂の同志金井半兵衛《かないはんべえ》が自害し、江戸でも関係者が多数捕えられ処刑されました（慶安事件）。

松平定政事件は大名による幕政批判であり、慶安事件は主家を失った牢人たちによる幕政批判でした。家綱政権はその出発段階で厳しい試練に見舞われたのです。

文治政治への転換

このころ、大名改易の主要な原因に、武家が当主の死（末期《まつご》）の直前に、急いで養子（跡継ぎ）を決めることを禁ずる「末期養子の禁」がありました。これにより、多くの武家が改易され、大量の牢人が発生したのです。慶長七年（一六〇二）から慶安三年（一六五〇）までの約五〇年間に、末期養子の禁により改易・減封（領地の削減）された大名は五八家あり、幕府は約四三〇万石を没収しました。これは、当時大名を処罰して没収した石高全体の四三％余りを占め、この結果、一〇万人を超える牢人が発生したといわれます。

慶安事件の決着後の慶安四年一二月一〇日、幕閣は江戸城内で牢人対策を話し合いました。酒井忠勝、保科正之（一六一一～七二）、松平信綱（一五九六～一六六二）らは、牢人をすべて江戸から追放すべきと主張しましたが、阿部《あべ》忠秋《ただあき》（一六〇二〜七五）らは、それでは根本的な解決にならないと反論し、老臣の井《い》伊《い》直孝《なおたか》（一五九〇〜一六五九）が阿部を支持したため、酒井らは意見を撤回しました。この経緯は、当時幕閣に強硬路線と穏健路線の二つの流れがあり、後者が前者を抑え込んだことを示すものでもありました。

この年一二月幕府は「末期養子の禁の緩和令」を発布します。これは、五〇歳以下の当主が、死の直前になって急に養子を願い出た場合は、養子になる人物の家柄や血統が確かならば認めるというものです。これにより、牢人たちが増加することを防ごうとしたのです。

このの ち、承応《じょうおう》元年（一六五二）に、軍学者の戸次《べつき》（別木）庄左衛門《しょうざえもん》を中心に、牢人らが江戸で老中を襲って天下をくつがえす計画をたてていることが発覚します（承応事件）。一〇月二六日、幕府はこの事件への対応として、牢人の名前を奉行や代官に登録させて管理する、牢人改めを実施します。以後、牢人たちは厳しく監視されることになり、承応事件を最後に、牢人が幕府に正面から反抗する動きはなくなりました。

強硬路線から柔軟路線への変化は、武力による強圧的な「武断政治」から、儒学にもとづく教化的・平和的な「文治《ぶんち》政治」への転換と表現されます。家綱政権のもとで、文治政治は老中らにより、さらにおしすすめられました。たとえば、寛文三年（一六六三）には、主君が亡くなったあとを追い切腹して死ぬことを禁じた「殉死《じゅんし》の禁」が出されます。これにより、武士は主君が死んだあとも、あとを継いだ新しい主君に仕えることとなり、戦国時代の主君個人に仕えるものという考えは否定され、その家に仕えるものとされたのです。また寛文五年には、幕府に人質（証人）を出すことを廃止します。当時、外様二九家、徳川御三家、徳川一門の三家、計三五家が重臣らを人質として幕府に差し出し、江戸に住まわせていましたが、彼らを解放したのです。殉死を禁止し、人質制を廃止したことは、戦国時代以来の風習を改め、文治政治を浸透させる上で、大きな意義をもつものでした。

幕府と歩調をあわせ、多くの藩も儒学を奨励し、庶民を教化しました。会津藩主の保科正之は儒学者の山崎闇斎《やまざきあんさい》（一六一八〜八二）、岡山藩主の池田光政《いけだみつまさ》（一六〇九〜八二）は陽明学者の熊沢蕃山《くまざわばんざん》（一六一九〜九二）、水戸藩主の徳川光圀《みつくに》（一六二八〜一七〇〇）は中国人儒学者の朱舜水《しゅしゅんすい》（一六〇〇〜八二）、加賀藩主の前田綱紀《まえだつなのり》（一六四三〜一七二四）は朱子学者の木下順庵《きのしたじゅんあん》（一六二一〜九八）を、それぞれブレーンに登用するなどして、自分たちの理想とする政治を行おうとしました。

こうした文治政治のもとで、全国の大名は、官僚化していきました。

元和元年（一六一五）、幕府は武家諸法度《ぶけしょはっと》を発布し、大名が新たに城を造ることや、勝手に婚姻関係を結ぶことを禁止します。武家諸法度に違反した大名は、領地を没収されて家を断絶させられたり（改易）、条件の悪い土地に替えられたり（転封）、領地を減らされたり（減封）するなど、厳しく罰せられました。領地を没収された大名は、初代将軍家康の時代には四一家、二代秀忠の時代には四一家、三代家光の時代には四九家と、外様大名を中心に多数にのぼりました。

大名の立場について、岡山藩主の池田光政は、「上様（将軍）は日本国中の人民を天より預り被成《なされ》候、国主《こくしゅ》は一国の人民を上様より預り奉る」（「申出覚」）、すなわち将軍は日本中の人民を天から預かっているが、藩主は藩の人民を将軍から預かっているだけであると述べ、伊勢（三重県）津藩の藤堂《とうどう》家の法令には、「我等は当分の国主、田畑は公儀の物に候」（『宗国史』）、すなわち大名は当座の支配者にすぎず、田畑は幕府の物と表現し、将軍の命令によりいつでも領地を変えられてしまう弱い存在と記しています。

これら藩主のもと、藩士も官僚化しました。たとえば、藩士が村々から年貢を徴収する地方知行《じかたちぎょう》は制限され、藩が年貢率を一律に決める四つ概《ならし》や並高《ならしだか》により、藩士は領地から年貢を勝手に取れなくなったり、さらに藩が藩士に蔵米《くらまい》や切米《きりまい》を支給する俸禄《ほうろく》制（給料制）へと移行するなどして、領主としての性格は弱められていきました。藩の制度も、藩法、官僚制、公文書制度、予算制度などが整備され、行政の客観化・合理化が進みました。

このような大名や藩士の官僚的支配を基礎から支えたのが、地域社会でした。江戸時代の村は、室町時代の惣村《そうそん》の自主的・自立的な性格を受け継ぎ、さらに官僚的支配を支える組織へと成長したのです。たとえば、江戸中期以降、名主（庄屋）や組頭（年寄）などの村役人は、入札《いれふだ》（選挙）や輪番《りんばん》で決まることが多くなり、一般農民の代表として村役人を監視する百姓代《ひやくしようだい》が設けられ、村寄合《よりあい》や村議定《ぎじよう》など、村運営のシステムも整備されました。大名の官僚的支配は、地域社会の成熟とあいまって実現したのです。

将軍をこえる官僚

さて、幼くして将軍となった四代家綱は、おとなしい性格で体も弱かったため、将軍在職中の約三〇年間の政治は、ほとんど大老や老中ら官僚にまかせきりでした。何でも「さようせい（そのようにしなさい）」と言ったことから「さようせい様」と呼ばれたという話も残っています。とくに治世の後期になると、官僚のなかでも譜代名門出身の大老酒井忠清《ただきよ》（一六二四〜八一）が、大きな権力をもち、政治を主導するようになりました。忠清の権勢があまりにも強いことから、人々は彼を「下馬《げば》将軍」とよびました。これは、彼の屋敷が江戸城大手門外の下馬札近くにあったためです。江戸城に登城する大名たちは、ここで馬から下りるきまりでしたが、大名たちがまるで忠清に遠慮して下馬するように見えたことから、この呼び名がつけられました。

忠清の権勢については、彼が気にいらないと、役職にとどまれないとさえいわれました。寛文七年（一六六七）一二月に井上正利《いのうえまさとし》が寺社奉行職を退きましたが、人々は彼のことを「下手三味線《へたじゃみせん》」とよびました。これは、酒井忠清の官職名が雅楽頭《うたのかみ》であったことから、歌（雅楽）に合わないという意味をかけていました。将軍家綱は、この「下馬将軍」酒井忠清のもとで、ほとんど忘れられた存在になりました。

一方、藩体制の確立にともない、藩内部では、御家《おいえ》騒動とよばれる分裂や対立が起きました。たとえば、天正年間（一五七三〜九二）末から慶長年間（一五九六〜一六一五）にかけて、肥前佐賀藩では、藩主龍造寺高房《りゅうぞうじたかふさ》の力が弱く、実権は家臣の鍋島直茂《なべしまなおしげ》とその嫡男勝茂《かつしげ》（一五八〇〜一六五七）が握っていました。高房は絶望して、慶長一二年（一六〇七）江戸屋敷で妻を殺し、自殺をはかり、六か月後に死亡しました。その後、高房の子や親戚が、龍造寺氏の再興を幕府に願いましたが認められず、逆に処罰されてしまいます。結局、幕府は主君の龍造寺氏に代えて、家臣の鍋島氏を佐賀藩主にしました（鍋島騒動）。この騒動は、のちに「化け猫騒動」として脚色され、歌舞伎や講談で演じられました。かつて龍造寺氏が可愛がっていた猫が化けて、主君の座を奪った鍋島氏に復讐するというストーリーです。御家騒動で滅んだ龍造寺氏への同情が背景となり、怪談として人気をよびました。

こうした江戸前期の御家騒動は、藩秩序の確立過程で、藩政の主導権をめぐって起きたものでした。弱小の藩主をめぐり、権威と格式を誇る一門や譜代家臣と、新たに勢力をのばしてきた家臣が対立したのです。重要なのは、事件の決着に幕府がかかわっていたことです。全国の大名たちは、自らの力ではなく、幕府に許可され、指導されることによって、はじめて領地を支配できたのです。

このころ社会でも、秩序・統制の強化に対して、牢人たちとは別に、不満を表現する人々もいました。彼らは「かぶき者」とよばれました。「かぶく」とは「傾く」の意味です。かぶき者は、豪華な襟のついた服を着て、派手な髷《まげ》を結い、髭《ひげ》をたくわえ、太刀《たち》や長脇差《ながわきざし》をさすなどして遊び歩きました。彼らは、派手なかっこうをしていたことから、奴《やっこ》や男伊達《おとこだて》などとよばれ、集団で喧嘩や暴力沙汰をくり返しました。かぶき者の多くは下級の武家奉公人でしたが、そのファッションを真似る町人もあらわれました。

図 10　かぶき者（『阿国歌舞伎図屏風』，大和文華館所蔵）

明暦三年（一六五七）七月一八日、江戸のかぶき者の旗本水野《みずの》十郎左衛門《じゅうろうざえもん》（？～一六六四）は、江戸の町人でかぶき者の幡随院長兵衛《ばんずいいんちょうべえ》（一六二二？～五七）を口論のすえ斬り殺しました。その後、十郎左衛門は、生活態度がよくないという理由で、幕府の評定所に呼び出されます。しかし、このとき髪を結わずにバラバラにときほぐした状態で出頭したため「不敬」とされ、のちに切腹を命じられました。この事件は、かぶき者の流行を象徴するものとして知られています。しかし、幕府が支配を確立し、統制を強化するにつれて、かぶき者の活動範囲は狭められていきました。五代綱吉《つなよし》の時代の貞享三年（一六八六）、放火や盗賊などを取り締まる火付盗賊改《ひつけとうぞくあらため》の中山《なかやま》勘解《かげ》由《ゆ》が、かぶき者二〇〇人以上をいっせいに捕えて厳しく処分すると、以後、彼らの行動は影をひそめました。

戦闘者から武芸者へ

さて、先に述べたように、戦国の争乱を「惣無事《そうぶじ》」の論理のもとに終結させたのは豊臣秀吉《とよとみひでよし》でした。秀吉は、戦国時代までの「自力救済」（自力による報復や損害回復）の慣行を否定し、兵農分離政策により、武力の国家管理をめざしました。このあとを受けた江戸幕府もまた、「公儀」権力として、私戦・私闘を厳しく禁止し、二六五年間の「平和」を実現したのです。

長期におよぶ「平和」の江戸時代、武芸は原則として武士階級に独占されましたが、その実用性は大きく後退し、形式化・様式化が進みました。享保元年（一七一六）刊行の『本朝《ほんちょう》武芸小伝《ぶげいしょうでん》』（『武術叢書』）では、「武芸」は兵法、諸礼、射術、馬術、刀術、槍術、砲術、小具足（捕縛）、柔術の九分野に分けられています。

初代将軍の家康から三代家光までの時期、幕府は武断政治のもと、軍役《ぐんやく》（軍事負担の基準）を整備し、全国規模で武力を編成しました。これにより、武士は、中世の死を恐れぬ自律的な戦闘者から、近世の儒教を学び徳性を備えた官僚へと変化しました。新たな秩序が確立されるなかで、たとえば、柳生但馬《やぎゅうたじまの》守宗矩《かみむねのり》（一五七一～一六四六）は、家康の側近から二代秀忠と三代家光の兵法師範となり、柳生新陰《しんかげ》流は将軍家の御流儀《おりゅうぎ》になりました。史実としては疑問がありますが、寛永一一年（一六三四）九月二二日、将軍家光は全国の名のある武芸者を集め、江戸城吹上《ふきあげ》の庭において、将軍の上覧試合（寛永御前試合）を開催したとも伝えられています。この時期、武芸が将軍を中心に編成されたことを象徴する話です。

一方、少数派になりますが、諸国で修行し、命をかけて武芸の道をきわめる者たちもいました。宮本武蔵《みやもとむさし》（一五八四〜一六四五）は、一六歳の時から武者修行で全国をめぐり、この間六回の合戦に参加し、木剣《ぼっけん》や真剣の試合は、六〇回余にのぼったといいます。とくに、京都での吉岡清十郎《よしおかせいじゅうろう》との対決や、小倉《こくら》（福岡県北九州市）での佐々木小次郎《ささきこじろう》（?〜一六一二）との対決は、ひろく知られています。武蔵は『五輪書《ごりんのしょ》』を著し、武芸のあり方を示しました。

図11　宮本武蔵（宮内庁書陵部所蔵）

また、仇討ちを武芸を生かす数少ない機会とする者もいました。たとえば、剣豪の荒木又右衛門《あらきまたえもん》（一五九八〜一六三八）は、伊賀上野《いがうえの》（三重県上野市）の鍵屋《かぎや》の辻で、義弟の岡山藩士渡辺数馬《わたなべかずま》の仇討ちを助け、名をあげ、鳥取藩に雇われます。しかし、これら仇討ちも、幕府や藩に届けて許可を得て行うようになりました。

こうした社会の変化に対して、不満や怒りを示したのが、戦国時代を刀と鑓《やり》で生き抜いた大久保彦左《おおくぼひこざ》衛門忠敬《えもんただたか》（一五六〇〜一六三九）です。彦左衛門は、永禄三年（一五六〇）三河国で、徳川氏譜代の大久保家に生まれました。天正三年（一五七五）家康に仕え、多くの合戦で数々の手柄をたてました。天正一八年、家康が関東に移ると、兄忠世《ただよ》の子忠隣《ただちか》（一五五三～一六二八）が、相模国の小田原城主となり、その領地から二〇〇〇石を与えられました。しかし、慶長一九年（一六一四）忠隣は政争で敗れ、大久保家は領地を没収されました。その後、彦左衛門は、三河国に一〇〇〇石を与えられ再び旗本になります。大坂の陣では槍奉行をつとめ、元和九年（一六二三）には、三代将軍家光のもとで旗奉行に就任し、その翌年には二〇〇〇石を与えられました。このように彦左衛門は、家康、秀忠、家光と三代の将軍に「武」をもって仕え、戦国生き残りの武士としてのプライドをもっていました。

しかし、時代は「戦国」から「平和」へと変わっていました。個人的な忠誠心《ローヤリティ》よりも、組織のルールや秩序が優先されるようになったのです。寛永一五年（一六三八）の島原天草一揆のさい、肥前藩主の鍋島勝茂《かつしげ》は、原城《はらじょう》総攻撃の先駆けを命じられましたが、軍議で決定した二月二八日の前日の二七日に攻め込みました。原城は落城しましたが、勝茂は抜け駆けをしたとして、江戸の藩邸での閉門（謹慎）に処されました。これを聞いた彦左衛門は勝茂に同情し、閉門になった鍋島家の屋敷に赴き、「昔は一番乗りすれば、手柄として感謝状をもらい、領地を増やされた。しかし、今は軍法を破ったとして閉門を命じられる。変わりゆく世の中、致し方がないので御見舞いに参った」と、大声で叫んだといいます。

かつて、彦左衛門ら「三河武士」たちは、命を捨てて徳川氏に忠義を尽くしました。しかし、「平和」の到来とともに、戦場を知らない若い世代が政治をリードするようになり、「番方《ばんかた》」（軍事官僚）よりも「役方《やくかた》」（行財政官僚）の方が重要になったのです。政治や経済にたけ、礼儀作法を心得た新しい武士たちが、石高を増やされて出世する一方で、彦左衛門のように、古くから忠義一筋で働き、武功があるものの、勘定が苦手で、礼儀作法にうとい不調法《ぶちょうほう》な三河武士は出世ができなくなりました。個人の才覚や才能ではなく、組織による仕事が、より重視されるようになったのです。彦左衛門は、こうした時勢への不満を、寛永三年（一六二六）成立とされる自伝的歴史書『三河物語』で述べています。自らの死に臨んで、将軍家光が一万石を与えるといったのを断ったという話も残っています。その後明治時代になると、戦国武士の意地を押し通した彦左衛門の気骨は、一心《いっしん》太助《たすけ》という若者と組んで、出世や金もうけをめざす武士たちをやりこめる講談のモデルとして復活することになります。

「平和」の到来、新秩序の確立とともに、武士は自律的な戦闘者であることを許されなくなり、そのほとんどは官僚として生きていくことになったのです。そのなかで、一部の武士たちは、自らの武芸を上達させたり、主君に武術を教えたりするなど、「平和」の時代の武芸者として生きることになりました。実戦ではなく、精神を養う「武芸」「武道」「剣術」として、免許制・階梯制が整備されるのも、「平和」ゆえのことだったのです。

⑤ 江戸の経済発展

大開発の時代

戦国時代から江戸時代前期にかけて、日本列島では、大規模な開発が進みました。耕地面積は、室町時代中期の宝徳《ほうとく》二年（一四五〇）ころの約九五万ヘクタールから、江戸中期の享保五年（一七二〇）ころの約三〇〇万ヘクタールへと三倍以上に増加しました。これは、おもに一六世紀後半から一七世紀にかけて、戦国大名や江戸時代の大名たちが、自分の領地の生産力を上げるために灌漑工事や堤防工事などを行い、積極的に新田開発を進めたためです。「大開発時代」とよばれるこの一〇〇年間は、日本列島のほとんどが開発され尽くした時期でした。江戸時代の前期までに、国土の景観は、大きく変化したのです。

ちょうどこのころ、日本各地の鉱山からの金銀産出量は、ピークを迎えていました。全国に数百か所あったとされる鉱山から、大量の金銀が掘り出され、日本は世界有数の金銀産出国になっていたのです。幕府は、佐渡（新潟県佐渡市）の金銀山や、石見《いわみ》（大森とも、島根県大田市）、生野《いくの》（兵庫県朝来《あさご》市）の銀山、足尾《あしお》（栃木県日光市）の銅山など、重要な鉱山を直接管理しました。そして、これらの鉱山から掘り出した金銀は、貨幣や手工業の材料に用いられたり、輸出されたりしました。

また、幕府は道路の整備を進めました。江戸の日本橋（中央区）を起点とする、東海道・中山道・甲州道中・日光道中・奥州道中の五街道は基幹道路で、脇街道・裏街道などとあわせて、全国的に道路網が整えられたのです。これら主要な街道には、一里（約四キロメートル）ごとに道しるべの一里塚が設けられました。また、街道の要所には、旅行者や荷物を検査する関所が設けられました。幕府が直接支配する関所は、東海道の箱根（神奈川県足柄下郡）や今切《いまぎれ》（静岡県湖西市）、中山道の碓氷《うすい》（群馬県安中市）や福島（長野県木曽郡）など全国で五〇か所余りになりました。関所では、「入《い》り鉄砲に出女《でおんな》」といって、江戸に武器を持ち込むことと、江戸に住む大名の妻子が逃げ出すことを厳しく監視しました。

図12　箱根関所（箱根関所資料館提供）

航路や港も整備されました。一度に大量の荷物を運ぶには、船が便利だったからです。河村瑞軒《かわむらずいけん》（一六一八～九九）は、明暦の大火ののち、町を復興するための建築用の材木を売って財産をたくわえ、豪商になりました。寛文一一年（一六七二）瑞軒は、幕府に命じられ、東北地方産の米を、太平洋を南下して江戸に運ぶ東回り航路を整備しました。翌年には、東北産の米を日本海を南下し、下関から大坂に運ぶ西回り航路も整備しました。こうして、列島規模で人や物資が移動することになり、流通は飛躍的に拡大したのです。

三都の発展

流通の拡大とともに、各地で城下町、門前町、港町など、さまざまな都市が発展しました。とくに、江戸、大坂、京都は「三都」とよばれる大都会でした。

江戸は、第2章（21～25ページ）で見たように政治の中心＝首都であり、「将軍のお膝元」とよばれました。江戸中期には、人口一〇〇万の巨大都市となり、全国各地からさまざまな人や物資、さらには文化や情報が集まりました。

大坂は、商業都市として成長し、のちに「天下の台所」とよばれました。幕府や大名たちは、年貢米や特産品を、大坂にある倉庫と取引所を兼ねた蔵屋敷《くらやしき》に送りました。蔵屋敷は、延宝年間（一六七三～八一）に九〇、天保年間（一八三〇～四四）に一二四を数えました。また、堂島《どうじま》（大阪市北区）の米市場で売買される米の価格は、全国の米価の基準になりました。

京都は、朝廷がある伝統的な都市で、西陣織《にしじんおり》などの織物や、友禅染《ゆうぜんぞめ》などの美術工芸が発達し、商業も盛んでした。また、古くからの寺院や神社が立ち並び、多くの人々が訪れる宗教都市、観光都市でもありました。

三都をあらわすことばに、「京の着倒れ、大坂の食い倒れ、江戸の飲み倒れ」というものがあります。これは、京都の町人は西陣織や友禅染などの着物に、大坂の町人は全国から物資が集まるので食べ物に、江戸は参勤交代や奉公人など単身の男性が多いために酒に、それぞれ金を使うことをいいあらわしています。

江戸前期、三都を含む日本の人口は、急激に増加しました。江戸時代がはじまる直前の慶長五年（一六〇〇）ころ、全国約一二二七万人だった人口は、江戸中期の享保六年（一七二一）には約三一〇〇万人と約二・五倍に増加しています。この背景には、これまで述べてきたような爆発的な国土開発と食料生産の増大、流通の拡大などによる経済発展があったのです。

農業・林業の発達

経済が発展するにつれて、農業の分野では、米、穀物、野菜などを、年貢として納めたり、自分の家で消費するだけでなく、販売用に栽培することが盛んになりました。とくに大都市の近郊では、都市の人々に売るための野菜づくりが活発になりました。

また、農民は職人や商人に売って利益を得るために、加工業の原料となる菜種や綿花などの商品作物の栽培にも力をいれるようになりました。

幕府や藩も、農民の生活を安定させ、年貢を多く取るために、商品作物の栽培を奨励したので、各地の風土にあった特産品が生まれました。なかでも、とくに需要が多い桑（蚕の餌）、楮《こうぞ》（和紙の原料）、漆《うるし》、茶の四木と、紅花《べにばな》（染料）、藍《あい》（染料）、麻の三草は「四木三草《しぼくさんそう》」とよばれました。

農業技術も進歩しました。深耕ができる備中鍬《びっちゅうぐわ》、稲の籾《もみ》を落とす千歯扱《せんばこき》など、新たな農具が考案されたり、改良されるなどして、全国に広まったのです。

また、肥料も、それまで農家では、木や草を腐らせたものや、自家で生み出された人馬の糞尿、灰などを田畑に使用していましたが、江戸後期になると、干し鰯《いわし》、菜種の油かす、大都市などで発生した糞尿などを買い、肥料として使うようになりました。

農業技術書である農書《のうしょ》も多数刊行されました。とくに宮崎安貞《みやざきやすさだ》（一六二三〜九七）の『農業全書《のうぎょうぜんしょ》』は、多くの農民たちに読まれ、ベストセラーになりました。

農業以外の産業も発達しました。水産業では、魚網《ぎょもう》が丈夫な麻糸で作られるようになり、漁の技術が革新されました。九十九里浜《くじゅうくりはま》（千葉県）の地引き網を使った大規模な鰯漁や、越中灘浦《えっちゅうなだうら》（富山県）のブリ漁、紀州沖（和歌山県）や土佐沖（高知県）のカツオやクジラ漁、蝦夷地（北海道）の鰊《にしん》や鮭《さけ》漁、コンブとりなど、各地で漁が盛んになりました。このうち、たとえば鯨は、肉を食用として用い、油は灯油用に、骨やひげは手工業用に、骨のかすは畑作の肥料などにと、余すことなく利用しました。

林業は、当時の基幹産業の一つで、城郭、武家屋敷、寺社、町屋を建設したり、河川の堤防を工事したり、道路を整備したりするために、大量の木材が伐り出されました。幕府や藩は、木材を確保するために、積極的に山林を保護・育成しました。とくに幕府は、日本有数の山林地帯である飛驒《ひだ》（岐阜県）、日田《ひた》（大分県日田市）、伊那《いな》（長野県伊那市）など、全国各地の有力な山林を御林《おはやし》として直接管理し、人々の勝手な伐採を禁止しました。

手工業の発達

手工業では、京都や加賀で、華やかな染色法の友禅染《ゆうぜんぞめ》が発達しました。友禅染は、京都の絵師宮崎友《みやざきゆう》禅《ぜん》が、絵を描くように優美な模様を染め出したことから評判となりました。また、高級な絹織物である京都の西陣織《にしじんおり》や、茶褐色に黒みを帯びた奄美大島《あまみおおしま》（鹿児島県）の大島紬《つむぎ》、木綿で作られた丈夫な久留米《くるめ》絣《がすり》（福岡県）なども、特産品として有名になりました。

農民の副業も広がりました。農民たちは、村内や街道の道端で、塩、油、草履《ぞうり》、煙草《たばこ》、楊枝《ようじ》などの日用品や、紅、おしろいなどの化粧品を売りました。江戸中期以降は、酒、味噌、酢、醤油を醸造して販売したり、質屋を営む有力農民もあらわれました。

焼物などの工芸品も各地で作られました。たとえば、加賀（石川県）で作られる九谷焼《くたにやき》は、大胆なデザインと深い色あいが特徴で、一七世紀なかごろ、加賀大聖寺《だいしょうじ》藩の藩主前田利治《まえだとしはる》が奨励して始めました。また、陸奥の会津地域（福島県）で作られる会津塗りは、江戸前期の技法に、漆《うるし》で文様を描いて、金銀の粉をまきつける蒔絵《まきえ》の技法が加えられて発達しました。会津藩主の松平《まつだいら》氏が歴代保護し、中国やオランダにも輸出されました。

江戸後期の一九世紀になると、各地にマニュファクチュア（工場制手工業）とよばれる生産形態をとる小さな工場が生まれました。富裕な地主や問屋（商人）が家内に工場を設けて、農業から離れた人々や、女性、子どもなどの奉公人を賃金労働者として集め、分業と協業により生産量を増やしました。尾張一宮（愛知県一宮市）の織屋では、紡いだ糸を巻く「かせぐり」の作業に四人、縦糸の本数を整える作業に一人、織機の操作に八人、糸や織物を運ぶのに三人が働いています。

これら農業をはじめとする諸産業の発達は、日本社会を豊かにし、人々の生活水準を引き上げました。また、各地に名物や特産品を生み出しましたが、これらのなかには、地域の伝統技術や伝統品として、今日まで続いているものも数多くあります。

流通革命＝「三井の商法」

一七世紀後半の元禄年間（一六八八〜一七〇四）には、江戸前期の経済成長の波に乗った新たなタイプの商人たちが出現します。「現金、安売り、掛《か》け値《ね》なし」。これは、当時急成長をとげて豪商となる三井越後屋のキャッチコピーです。ここでいう「現金」とは、商品を買うときに、それまで客が盆と暮れの年二回代金をまとめて支払っていた方法をやめて、現在と同じように、購入時に現金で支払う方法をいいます。「安売り」とは、現在と同じように、商品を安く売ることです。「掛け値なし」とは、当時広く行われていた、あらかじめ定価を高くつけておいて、客とのやりとりで価格を安くする方法をやめて、最初から売値をつけておくことをいいます。こうした商売の仕方は、「三井の商法」とよばれました。これは、当時の一般的な商法とは大きく異なり、「流通革命」と

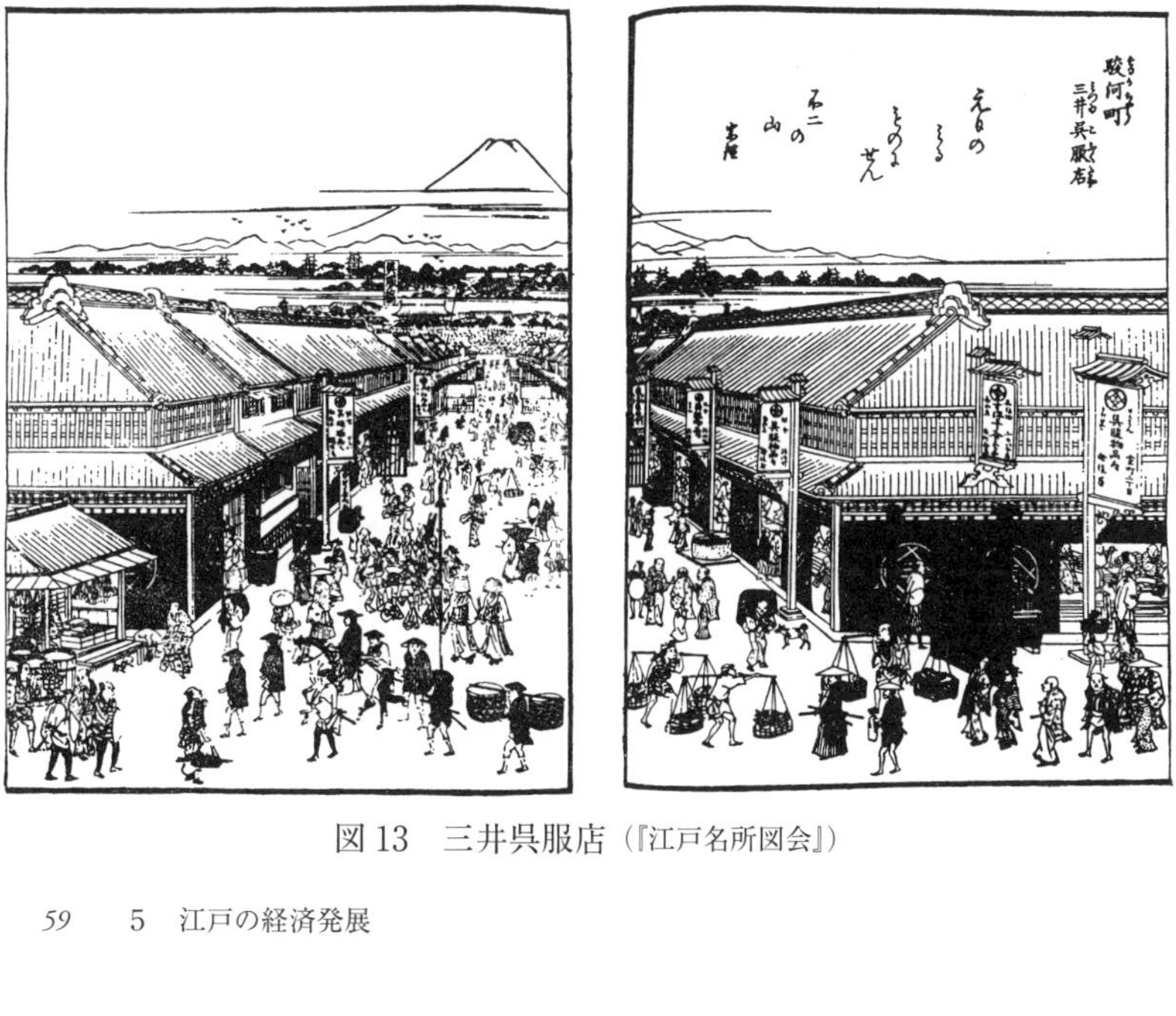

図13　三井呉服店（『江戸名所図会』）

もいうべき新しい風を起こしたのです。

三井高利《みついたかとし》（一六二二～九四）は、伊勢松坂《まつざか》（三重県松阪市）に生まれ、延宝元年（一六七三）に江戸と京都に呉服店の越後屋を開きました。彼は、武士や大商人などから利益を得るのではなく、江戸前期の経済発展により、生活水準が上がり消費熱が高まっていた庶民や農民をターゲットにしました。安い商品を大量に売ってもうける「薄利多売」の新商法は大ヒットし、高利は一代で江戸の豪商に成長しました。

三井家はまた、商売繁盛と家の永続のため、子孫にあてて家訓を残しました。そこには、幕府の仕事は「余業」（副業）としてやるもので、本業としてはいけない、大名への金銀貸付も十分に注意すること、などが指示されています。当時、大名のなかには、多額の借金をしながら、「お断り」といって、これを踏み倒す家もありました。社会的には高い地位にいた武士たちですが、経済的には商人たちから警戒されるようになっていたのです。大坂の作家井原西鶴《いはらさいかく》（一六四二～九三）は、三井家の成長ぶりと手堅い商法を、「大商人《あきんど》の手本」と褒めたたえています。この時期、三井のみならず、住友《すみとも》や鴻池《こうのいけ》など、多くの新興商人たちが成長しました。彼らもまた、庶民を相手に利益を得たのです。

一七世紀後半の経済発展を目の当たりにした儒学者の荻生徂徠《おぎゅうそらい》は、著書『政談《せいだん》』のなかで、「商人の勢いが盛んになり、日本中の商人がひとつになると、江戸と国内各地の物の値段が同時に動く。また、数万人の商人たちが一つになると、その勢いには勝てず、どのように幕府が指示しても、物の値段は下がらない」と、商人の力が武士の力を上回っていくようすを記しています。

「平和」の広がり、深まりは、日本社会を町人の知恵や才覚がものをいう文明社会へと移行させていったのです。

将軍綱吉と生類憐み

延宝八年（一六八〇）、四代将軍家綱《いえつな》のあとをついだ五代綱吉《つなよし》は、政治の安定と経済の発展をうけて、さらに文治政治を推し進めました。綱吉の政治は、はじめは大老の堀田《ほった》正俊《まさとし》（一六三四～八四）が補佐していました。しかし、将軍の居間からひと部屋おいただけの場所で、正俊が若年寄の稲葉正休《まさやす》に刺殺される事件が起こると、老中たちの仕事部屋は、安全のために将軍の居間から遠くに移されました。この結果、将軍と老中たちの間を行き来して、双方の意思を伝える役割を果たす側用人《そばようにん》が、重要な存在になったのです。

こうしたなか、暗殺された正俊に代わって実力者になったのが、将軍綱吉の小姓から側用人に進んだ柳沢吉保《やなぎさわよしやす》（一六五八～一七一四）でした。小姓とは、いつも主君の側にいて警護や雑用を行う役職です。吉保は、綱吉の信頼を得て政治を主導し、大きな力をもつことになりました。

また、綱吉は、林大学頭信篤《はやしだいがくのかみのぶあつ》（鳳岡《ほうこう》、一六四四～一七三二）を林家の私塾である昌平黌《しょうへいこう》の大学頭《だいがくのかみ》（長官）に任命するとともに、孔子をまつる湯島聖堂《ゆしませいどう》（東京都文京区）を建てるなど、儒教を重視しました。他方では、仏教を尊重し、貞享二年（一六八五）から二〇年余の間、繰り返し「生類憐《しょうるいあわれ》みの令」を出しました。そして、犬をはじめとする、すべての動物を大切にすることを命じたのです。元禄八年（一六九五）から同九年にかけて、江戸近郊の中野（中野区）には、約二九万坪の広大な犬小屋が設けられ、一〇万匹以上の野犬が収容されました。この法令によって、庶民の生活は大変不自由になりましたが、従来の犬を食べる習慣はなくなり、「平和」がいっそう社会に浸透しました。

しかし、綱吉のころ、幕府の財政は深刻な赤字に陥りました。年貢収入が一定だったのに対して、経済の発展とともに旗本らの生活水準があがり、これを補うために、幕府の支出が増えたからです。江戸前期に豊富であった鉱山の産出量も少なくなりました。

また、明暦三年（一六五七）に起きた明暦の大火の被害は大きく、江戸城と市街の再建費用は、莫大な額にのぼりました。このため、それまで非常用に江戸城に蓄えられていた銅を鋳直して貨幣を造り、これらの支払いにあてました。さらに、仏教を尊重する姿勢から、寺院の造営や修復を積極的に行ったことも、幕府の支出を増やしました。

そこで、幕府の財政を担当する勘定吟味役《かんじょうぎんみやく》（のち勘定奉行）の荻原重秀《おぎわらしげひで》（一六五八〜一七一三）は、幕府の収入を増やすために貨幣を改鋳し、質を落とした金銀貨を大量に発行しました。この結果、幕府は大きな収入を得ましたが、質の悪い貨幣が出回ったために、貨幣価値が下がり物価が上昇するなど、社会は混乱しました。さらに、宝永四年（一七〇七）には富士山が噴火し、駿河（静岡県中部）や相模（神奈川県）などでは、火山灰により農作物などに大きな被害がでました。

赤穂事件

元禄一四年（一七〇一）三月一四日午前一〇時頃、江戸城松の廊下で、播磨赤穂藩五万石の藩主浅野《あさの》内匠頭長矩《たくみのかみながのり》（一六六七〜一七〇一）が、幕府の儀式をつかさどる高家《こうけ》の吉良上野介義央《きらこうずけのすけよしなか》（一六四一〜一七〇二）に斬りかかりました。このとき長矩は、将軍綱吉に年頭の挨拶をするために、江戸にやってきた天皇の使い（勅使）の接待役を務めていました。長矩は、その場で取り押さえられ、その日のうちに切腹となり、赤穂藩浅野家は断絶になりました。

元禄一五年一二月一五日午前四時頃、もと赤穂藩家老の大石内蔵助良雄《おおいしくらのすけよしたか(お)》（一六五九～一七〇三）以下四七名は、江戸本所（江東区）の吉良邸に討ち入り、吉良の首を討ちます。主君の無念を晴らした彼らは、浅野家の菩提寺である高輪《たかなわ》の泉岳寺《せんがくじ》（港区）に行き、吉良の首を長矩の墓前に供えました。浪士たちは、大名四家に預けられ、幕府の裁定を待ちます。

江戸の人々は、主君の仇を取った四七人を義士、武士の鑑《かがみ》と褒めたたえました。儒学者にも、林信篤や室鳩巣《むろきゅうそう》（一六五八～一七三四）など、この仇討ちは立派な忠義だから罰する必要はないと主張する者もいました。しかし、荻生徂徠（一六六六～一七二八）は、私的な情（忠義）よりも公の法、秩序が優先されるべきであると説き、柳沢吉保や将軍綱吉に採用されました。儒学者の佐藤直方《さとうなおかた》（一六五〇～一七一九）や太宰春台《だざいしゅんだい》（一六八〇～一七四七）も、浅野が切腹したのは幕府の判断によるもので、吉良が浅野を斬ったわけではないのに、四七人もの大人数で吉良を殺害したのは、決して許されることではない、と主張しました。主君と家臣の堅い絆よりも、「平和」を乱すことこそ問題にされたのです。

こうして、彼らは切腹を命じられました。元禄赤穂事件とは、武士の主君に対する忠義よりも、秩序や「平和」が重んじられる時代

図14　吉良邸討ち入り（葛飾北斎『仮名手本忠臣蔵十一段目』，国立国会図書館所蔵）

になったことを示す出来事だったのです。

正徳の治

綱吉の死後、宝永六年（一七〇九）に六代将軍に就任した家宣《いえのぶ》は、さっそく生類憐みの令を廃止しました。また、綱吉政権において権勢をほこっていた柳沢吉保が引退したのち、儒学者の新井白石《あらいはくせき》（一六五七〜一七二五）と側用人の間部詮房《まなべあきふさ》（一六六六〜一七二〇）を重く用いました。

家宣が三年後に亡くなると、子の家継《いえつぐ》がわずか四歳で七代将軍に就任します。政治は、引き続き新井白石らが主導しました。この時期の政治は、家宣と家継の時期の年号をとって、「正徳の治《しょうとくのち》」とよばれます。

この間、朝廷にあらたに閑院宮家《かんいんのみやけ》が創設され、幕府は毎年一〇〇〇石を提供して、朝廷との関係を親密にしました。当時、朝廷は財政が苦しく、幕府の力を借りなければ、天皇家に新たな分家を作ることができなかったのです。

また、朝鮮から来日する通信使の待遇を簡素にしたうえで、それまで朝鮮国王から将軍への国書に「日本国大君殿下」と書かれていたのを「日本国王」と改めさせました。これは、中国の古典によると、「大君」は「天子」（天皇）を意味することから、一段低い「国王」が適切と考えたためといわれています。また、朝鮮では「大君」は世継ぎをさし、「国王」より低い意味になるので、幕府はこれを避けたかったともいわれます。いずれにしても、白石は将軍を「日本国王」とすることで、朝鮮国王と将軍が対等な関係になるように考えたのです。

さらに白石は、五代将軍綱吉の時代に発行された質の悪い貨幣を改め、質のいい正徳小判を鋳造させて、物価の上昇を抑えようとしました。しかし、新たに造られた貨幣の流通量が十分ではなかったために、社会を混乱させる結果になりました。

その他、長崎での貿易に関し、正徳五年（一七一五）に海舶互市新例《かいはくごししんれい》を出して、貿易額を制限しました。これは、中国船は年三〇隻、銀六〇〇〇貫（約二二・五トン）を限度とし、オランダ船は年二隻、銀三〇〇〇貫（約一一・五トン）を限度とするというものでした。この頃、長崎貿易で輸出額より輸入額の方が大きく、金銀の海外への流出が激しかったため、白石はこれを防ごうとしたのです。

以上のように、五代将軍綱吉は、四代家綱期の文治政治への転換をうけて、江戸社会の「平和」と「文明化」をおしすすめるために、さまざまな政策を展開し、民間社会もまた、これに対応しつつ、産業や文化を大いに発展させていったのです。

江戸の発展

本編は、８代将軍吉宗の在任（1716 ～ 45）ころから、老中水野忠邦の在任（1834 ～ 43）のころまでの江戸中期をあつかいます。元禄年間（1688 ～ 1704）以降、経済は低成長期に入り、耕地拡大と人口増加にブレーキがかかります。将軍家の血統断絶をうけ、紀州家から将軍に就任した吉宗は、強力なリーダーシップを発揮し、首都改造、国家事業・公共事業など大規模な国家再編＝享保改革《リフォーム》を断行します。吉宗による「高負担・高福祉」の「大きな政府」の改革政治の延長上に、田沼意次、松平定信、水野忠邦ら幕府老中による政治が展開します。社会では、文化・教育・レジャーなど庶民生活の向上が見られました。

6 吉宗が見た夢
――享保リフォーム――

将軍吉宗の登場

享保元年（一七一六）、七代将軍の徳川家継《とくがわいえつぐ》が八歳で亡くなり、徳川宗家の血統断絶をうけて、御三家のひとつ紀州徳川家五代藩主の徳川吉宗《よしむね》が八代将軍に就任しました。二代将軍秀忠《ひでただ》の血統をひく徳川宗家以外の人が将軍になるのは、これが初めてでした。

吉宗は、紀州藩の四男（二男が早世したことから三男とも）に生まれました。母は、農民の娘とも、罪を犯した医者の娘とも、あるいは西国への巡礼者の娘ともいわれます。いずれにしても身分の低い人だったようで、そのため吉宗は、生母の身分が高い兄たちと差別されて育ったとも伝えられます。長男でない吉宗は、長い間独立して自分の家を作れず、長男の世話をうけて暮らす部屋住みの身分でした。あるとき、江戸青山（東京都港区）の紀州藩邸で、筑後（福岡県）久留米藩主有馬則維《ありまのりふさ》の行列が通るのを見て、冗談まじりに「自分もせめて一生に一度は、あのように行列を整えてみたい」といったという話が残されています。

吉宗は、一四歳のとき、五代将軍綱吉《つなよし》から越前丹生郡《にう》（福井県丹生郡《にゅう》）に三万石の領地を与えられました。母の身分が低いために領地をもらえなかったのを、将軍綱吉と老中の大久保《おおくぼ》忠朝《ただとも》のはからいで、兄たちと同じように領地を持つことが許されたとも伝えられます。このため吉宗は、綱吉と大久保忠朝に、のちのちまで恩を感じたと、幕府の記録『徳川実紀《とくがわじつき》』に記されています。この話が事実かどうかはわかりませんが、この頃の吉宗は、将軍の座には遠く及ばない立場であったことがうかがえます。

その後、紀州藩主の長兄徳川綱教《つなのり》が四一歳で亡くなり、あとを継いだ次兄の頼職《よりもと》も二六歳で亡くなります。この結果、吉宗は二二歳で紀州藩の五代藩主に就任することになりました。吉宗は、それまで頼方《よりかた》を名乗っていましたが、将軍綱吉から「吉」の字を与えられ、以後吉宗を名乗ります。

紀州藩主になった吉宗は、藩財政の建て直しと風紀の引き締めに努めました。この結果、藩の体制は立ち直り、「紀州の名君」として広く社会に知られるようになりました。

享保元年、吉宗は将軍になりましたが、御三家のなかで紀州藩より家格の高い尾張藩の藩主徳川継友《つぐとも》を抑えて将軍となった理由は、いまだ不明です。ともあれ、紀州藩の四男坊が将軍になったのですから、人々は驚きと期待をもって、これを迎えました。

さて、江戸前期の耕地拡大により、米の生産量は増えまし

図 15　徳川吉宗（徳川記念財団所蔵）

たが、かえって米価は下がりました。この結果、領地の年貢米や俸禄《ほうろく》（給与米）を売って収入とする武士の生活は、苦しいものになりました。一方、元禄時代（一六八八～一七〇四）前後の幕府の支出は、大寺院の修理、富士山噴火の災害復興などで急増しました。このため、幕府は金銀の割合を落とした質の悪い貨幣を大量に発行しました。その結果、物価が上がり、幕府の財政はかえって苦しくなりました。旗本や御家人に支払う給与が不足し、旗本を何百人も解雇する話が出たほどです。

徳川吉宗は、こうした状況のなかで将軍に就任し、享保元年から隠退する延享二年（一七四五）まで、国家再編の政治に取り組みました（享保改革）。たとえば、幕府の収入を増やすために、大名の領地一万石につき一〇〇石の米を幕府に上納させ、その代わりに大名が参勤交代で江戸に滞在する期間を一年から半年に縮めました（上米《あげまい》の制）。その一方で、厳しい倹約を命じ、支出を減らしたのです。

吉宗は、幕府を開いた曽祖父の徳川家康《いえやす》を尊敬し、その威光を頼りに政治を行いました。たとえば、家康が好み、五代将軍綱吉《つなよし》が生類憐みの令との関連から禁止していた鷹狩りを復活します。鷹狩りは、訓練した鷹を用いて鳥や兎などを捕獲する遊びですが、吉宗が江戸城から外に出て人々の生活のようすを見たり、軍事訓練をする機会にもなりました。また吉宗は、将軍に就任するさい、紀州藩士から幕臣になった武士たちで自らの側近を固めるなどして、将軍の権力を強めました。元紀州藩士によって組織された御庭番《おにわばん》は、幕府や藩の評判、役人のようす、社会の情報などを密かに集め、吉宗に報告しました。

享保六年（一七二一）には、目安箱《めやすばこ》が設置されました。目安箱は、町人や農民などの意見や提案を受け付ける投書箱です。吉宗は、自分で鍵をもち、箱を開けて投書を読みました。ただし、名前や住所のないものは無責任な意見として読みませんでした。投書の意見により、貧しくて十分な医療を受けられない人々のために、無料の病院である小石川養生所《ようじょうしょ》（東京都文京区）を設立し、また、新田開発に関する意見をもとに、開発を進めるなどしました。

目安箱の設置は、庶民からの意見を募集するとともに、吉宗こそが庶民の声を直接に聞き、これを実行する最高責任者であることを、あらためて人々に示す政策でした。

首都江戸の改造

また吉宗は、人口一〇〇万を擁する首都江戸を改造し、首都圏である江戸の周辺地域を整備しました。享保二年（一七一七）、吉宗は大岡越前守忠相《おおおかえちぜんのかみただすけ》（一六七七〜一七五一）を江戸の町奉行に任命し、都市政策に取り組ませます。大岡は、「いろは四十七組（のち四十八組）」とよばれる町人の火消組合を結成しました。それまで江戸の消防は、大名による大名火消や、旗本による定火消《じょうびけし》がうけもっていましたが、享保改革により、町人の住む地域については町人が担当するようになったのです。町火消組合は、各組それぞれがそろいの服を着て消火にあたり、華やかな江戸ファッションとして人々に知られるようになりました。

また大岡は、町屋の茅葺《かやぶき》屋根を瓦葺《かわら》に変えさせたり、板製の屋敷を土蔵造《どぞうづく》りに変えさせ

図 16　江戸の町火消（東京消防庁所蔵）

図17　分道江戸大絵図　乾（国立国会図書館所蔵）

るなど、家屋を燃えにくいものへと造り替えました。さらに、延焼を防ぐための広場の火除地《ひよけち》を各地に設け、火事を早く発見するために火の見櫓《やぐら》を町内に建てさせました。江戸の町人の住む地域は、人口が密集していて、家と家の間が狭く、何度も大きな火災に見舞われてきました。大岡は、これらの政策によって、江戸を燃えにくい都市に改造したのです。

その他大岡は、町奉行所の役職と職務内容を明確にする一方、町名主《まちなぬし》が住民に無理をいったり、家守《やもり》（大家《おおや》、町屋敷の管理人）に不正に贈物を要求するのを取り締まるなどの改革も進めました。享保七年（一七二二）には、先に述べた小石川養生所を設立し、貧しい人や身寄りのない人を無料で治療しました。

将軍吉宗は、庶民生活にとって大切な米価を調整しました。たとえば、大名に米を売らないように命じ、農民に酒造りを奨励し、さらに飢饉対策として城や村の蔵に米を蓄えさせるなどして、米の流通量を減らし、米価の引き上げをはかりました。これらにより、年貢米を市場で金銭に換える武士や、年貢を納めたあとの余剰米を売って生活費にする農民たちの生活を安定させようとしたのです。武士と農民の生活の安定は、彼らを相手に商売や仕事をする職人や商人など町人の生活を安定させることにつながります。吉宗は、いつも米価を気にし、米価政策を絶え間なく行ったことから、「米将軍」のあだ名を付けられました。

国家政策・公共政策

享保改革では、さまざまな国家政策や公共政策が展開されました。それまで、洪水などの自然災害や疾病流行には、幕府・藩・旗本・寺社など、領主がそれぞれに対応していました。しかし、これでは効果は上がりません。そこで、将軍吉宗は、国家という大きな枠組みで公共政策を行ったのです。たとえば、洪水の場合、その河川が流れる地域を、武蔵・相模・下総など、国を単位に税金（国役金《くにやくきん》）を集め、堤防を建設・補強しました。また、疫病の流行に対しては、有効な薬を発見し製造するために、全国各地に薬草を調査する役人（本草学者《ほんぞう》）を派遣しました。彼らは、地域の医師や薬草に詳しい知識人たちと交流し、江戸の進んだ医薬の知識や技術を伝える一方、各地の知識や技術を江戸に集めました。

吉宗はまた、享保六年（一七二一）に初めて全国の土地と人口を調査しました。人口調査は、第二回の享保一一年以降、六年ごとに実施されましたが、これらの調査もまた、領主の違いをこえて、国・郡を単位に集計されました。この調査により、日本の人口約二六〇〇万人がカウントされました（全人口は推計三一〇〇万人）。これは、政治を行う上で貴重な情報になりました。

さらに、国民教育も振興しました。それまでの教育は、将軍をはじめとする武士たちが儒学を学ぶことが主でしたが、吉宗は庶民にも積極的に儒学を学ばせ、身分や主従関係・親子関係など、社会の秩序を重んじる思想を普及することにより、社会を安定させようとしたのです。たとえば、湯島（東京都文京区）の聖堂《せいどう》では、儒学の講義を公開し、庶民も聞けるようにしました。また、父母に孝行すること、年長者を尊敬すること、子孫を教育することなど六つの徳目の大切さを説いた中国（清）の教訓書『六論衍義《りくゆえんぎ》』を読みやすくした『六論衍義大意《たいい》』を出版し、大岡忠相を通じて江戸市中の手習所《てならいじょ》（寺子屋）に配りました。吉宗は、これを用いて庶民を教育しようとしたのです。

享保六年、吉宗は鷹狩りに出かけたさいに、千住《せんじゅ》の島根村（足立区）の医師吉田順庵《よしだじゅんあん》が手習所で幕府の法令を手本としていたのを褒め、代官に命じて各地の手習所の師匠にもこれを奨励しました。子どもの頃から、手習いを通じて、幕府の法令を身につけさせようとしたのです。
享保八年には、儒学者の佐藤直方《さとうなおかた》の弟子菅野兼山《すがのけんざん》が目安箱に投書し、私塾を開くための土地の貸与を幕府に願ったのに対し、吉宗は深川（江東区）の新大橋付近の土地を貸与し、金三〇両を与えました。菅野は、塾を会輔堂《かいほどう》と名づけ、庶民に儒学の基礎を教えました。大坂の儒学者中井竹山《なかいちくざん》（一七三〇～一八〇四）は、この会輔堂について、「始て平民迄講習の所を得たり」（『草茅危言《そうぼうきげん》』）と、はじめて庶民が学習する場所を与えられたと高く評価しています。

享保一一年には、大坂の儒学者三宅石庵《みやけせきあん》（一六六五～一七三〇）の塾、懐徳堂《かいとくどう》を準官学として保護しました。懐徳堂は、享保九年（一七二四）五月、大坂の尼ヶ崎（大阪市中央区）に、三星屋武右衛門《みつぼしやたけえもん》、道明《どうみよう》寺屋吉左衛門《じやきちざえもん》、備前屋吉兵衛《びぜんやきちべえ》、鴻池又四郎《こうのいけまたしろう》、舟橋屋四郎右衛門《ふなばしやしろうえもん》の五同志とよばれる五人の裕福な商人が出資し、中井甃庵《しゆうあん》らの尽力で設立されました。教授には、初代学主（校長）の三宅石庵の他、中井甃庵、並河誠所《なみかわせいしよ》、五井蘭洲《ごいらんしゆう》らが並びました。大坂町人の学校らしく、壁書には、「学問は職業を勤めるためにこそ必要なものである。講義もその方針が第一であるから、書物を持たずに講義を聞きにきても差し支えない。また、やむを得ない用件ができたときは、講義の途中であっても退席してもかまわない」とありました。自由かつ実学的な学風で、文字通り大坂町人のための学問所でした。

『草茅危言』によれば、もともと吉宗は京都・大坂にも幕府の学問所を設立しようと考えていましたが、懐徳堂をもってそれに準ずることにしたといいます。以後、懐徳堂は明治二年（一八六九）に至るまで、大坂の庶民教育に大きな役割を果たし、最盛期には江戸の幕府学問所である昌平坂学問所《しようへいざかがくもんじよ》をしのぐ勢いを示しました。

吉宗の政策により、享保改革期、国民教育は黎明期を迎えたのです。

その他、吉宗は飢饉対策として、各地の農村に米を貯えさせたり、薩摩《さつま》芋《いも》（甘藷《かんしょ》）を栽培させたりしました。薩摩芋は、一六世紀末に中国から琉球に伝わり、その後、薩摩（鹿児島県）など南九州で栽培されるようになりました。芋の名前は、これに由来します。薩摩芋は、やせた土地でもよく育つことから、飢饉の時には大きな助けになっていました。吉宗は、これに目をつけ、蘭学者の青木《あおき》昆陽《こんよう》（一六九八～一七六九）に栽培を命じ、さらに昆陽が幕府に提出した薩摩芋の栽培方法を一般向けの本として刊行し広めました。薩摩芋は、各地の飢饉のさいに多くの命を救い、昆陽は、人々から「甘藷先生」とよばれ、慕われました。

図 18　青木昆陽（早稲田大学図書館所蔵）

このように、吉宗は三一〇〇万人とされる国民の生活を安定させるために、さまざまな国家政策・公共政策を展開し、幕府の国家機能・公共機能を大きく拡大したのです。

官僚制の整備

享保改革では、官僚制も整えられました。享保八年（一七二三）、吉宗は幕府の各役職の責任者を集め、「足高《たしだか》の制」を申し渡します。江戸前期、幕府の職制では、家々に与えられる給与（家禄）にふさわしい役職に就きました。身分相応の衣裳、家臣への給料、仕事上の交際費など、役職にともなう諸負担は、家禄のなかから支払いました。家禄の高い家が負担の多い重職に就任する仕組みだったのです。しかし、家禄の高い家にいつも有能な人材がいるわけではなく、家禄は低くても有能な人材は多数おり、彼らを登用する必要性が高まりました。そこで吉宗は、役職ごとにふさわしい基準（役高）を定め、ある役職に任命された者の家禄が、基準に達していない場合、在職中に限って不足分を支給することにしました。家禄五〇〇石の旗本が、役高三〇〇〇石の町奉行に就任した場合、在職中差額の二五〇〇石を支給することにしたのです。たとえば、当時家禄一九二〇石の大岡忠相が役高三〇〇〇石の町奉行に就任したのち差額一〇八〇石が足高され、大名の役職である寺社奉行の就任に関係して一万石に加増されています。

足高の制によって、家禄の低い人も在職中は役目を滞りなく果たすことができるようになりました。しかも、足高の制は、家禄を増やすのではなく、在職中に限り個人に支給するシステムだったので、幕府にとっては大きな負担にならない制度でした。足高の制により、家格にとらわれず、能力のある者が重要なポストにつけるようになったのです。

吉宗の財政改革を推進したのは、足高の制により頭角を現した幕府勘定所の官僚たちでした。勘定所は、幕府財政を担当する一方、全国の幕府領を支配する代官たちを指揮し、年貢徴収や訴訟などを監督する組織でした。のちに京都町奉行所与力《よりき》を務める神沢杜口《かんざわとこう》は、寛政三年（一七九一）に成立した著書『翁草《おきなぐさ》』において、次のように述べています。

勘定方の役人は能力が存分に発揮できるので出世も早く、特に享保改革の足高の制の実施により、勘定奉行はそれまで五〇〇〇～六〇〇〇石の旗本が務めていたのに、基準高三〇〇〇石の役職となり、小身の者も務められるようになった。彼ら禄高の低い者が能力を生かして出世し、これにより、勘定—勘定組頭—勘定吟味役—勘定奉行という、勘定所内部の昇進コースが確立した、というのです。足高の制は、勘定所など官僚システムの整備に大きな役割を果たしたのです。

享保改革における官僚制の発達を基礎づけたのが、アーカイブズ（記録、古文書）、とりわけ公文書システムの整備でした。荻生《おぎゅう》徂徠《そらい》は、『政談』において幕府の官僚機構について、次のように献策しています。

すなわち、幕府のすべての職務に、頭《かしら》役、添《そえ》役、下《した》役、留《とめ》役の四段階の職階を設けることを提案しています。徂徠は、職務内容の軽重により添役や下役を省き三段階でも二段階でもよく、頭役は派閥ができることを防ぐために一人がよいとしています。添役（一、二人）は、頭役の相談役とし、下役（二〜六人）は専門化させるよう述べています。ここで注意したいのは留役です。留役は、軽い役としながらも、職務関係のことを帳面に記す役で、二段階、三段階に省略されても、この職を略すことは述べていません。書記職の重要性を認識していたことがわかります。

図19　荻生徂徠（致道博物館所蔵）

また徂徠は、すべての係に留帳《とめちょう》（公文書）がないことを不満に思っています。『政談』によれば、大抵の役人は先例や格式を覚えているものの、これには覚え違いもある。留帳で分類しておけば、手間がかからない。当時役職に長くいる者のなかには、内々で留帳（手控え）を作る者もいるが、それは自分用に作ったもので、秘密にして同役にも見せず、自分の手柄のために利用している。したがって、同役が皆同類となり、能力のある者が任命されても力を発揮できない。これらは皆、留帳がないためであり、これが整備されたならば、新たに任命された者も、留帳を利用して役務に携わることができ、就任の翌日から仕事ができるとその有効性を述べ、総じて役人が先例や格式を応用できず、職務に暗いのは留帳がないためである、と主張しています。

徂徠はまた、公文書の文字の統一化も提言しています。すなわち、留帳や日記などの職務記録は、能率よく使うためには、読みにくい仮名よりも、明確かつ簡潔な漢字の文章の方がよいと主張しているのです。このように、徂徠は官僚制と公文書の関係を重視し、公文書システムの構築を提唱しました。

こうした意見の影響もあってか、将軍吉宗は享保五年（一七二〇）に、江戸城内にある公文書の調査を開始します。享保七、八年ころまでに、総数九万四二〇〇冊余を確認し、種類別に目録を作成させています。目録には、郷帳、年貢、普請、地方《じかた》勘定、上知、知行割、金蔵勘定、貸付金勘定、島勘定、禁《きん》裏《り》勘定、川船勘定、木材、金銀山勘定、金銀吹方勘定、長崎金銀勘定、城詰《しろづめ》米、酒造米、検地帳、反別帳、人別帳、諸証文、高札写、条目請書、国絵図などの文書名が並んでいます。これらは、租税、土地、人、法、財政など、まさに国家運営のための公文書群というべきものでした。

こののち、延享二年（一七四五）の「達」には、享保改革以前は勘定方関係の諸帳面や諸書類が混雑し、「旧例見合《みあわせ》」（参照、レファレンス）に手間がかかったが、享保八年（一七二三）の文書整理以後は年別、類別、郡別に整理され、不都合がなくなったと記されています。享保改革は、官僚による国家運営を支える公文書システムを整備した点においても、重要な意義をもつものでした。

文書社会の確立――「記憶」から「記録」へ――

吉宗は、公文書以外にもアーカイブズに関する政策を展開しました。まず、江戸城内の紅葉山文庫《もみじやまぶんこ》の充実をはかります。享保七年（一七二二）、幕府は『新国史《しんこくし》』『本朝世紀《ほんちょうせいき》』『風土記《ふどき》』など紅葉山文庫で欠本となっている古書の書籍名を書き出し、大名、町人、農民に対して、これを所持する者は差し出すように命じました。この結果、多くの書籍が集まりましたが、なかには偽書や重複があったため、林《はやし》大《だい》学頭《がくのかみ》信篤《のぶあつ》らに鑑定や整理を命じました。しかし、鑑定に誤りがあったため、京都から国学者の荷田《かだの》春満《あずままろ》（一六六九〜一七三六）を招き、これに当たらせました。

享保一四年（一七二九）には、全国の諸寺院に対して、古くから伝わる仏教書や中国の書物などで稀《き》覯《こう》本（珍しい本、貴重本）があれば大切に保管し、朽損《きゅうそん》しないように補修すること、それらの目録を幕府に差し出すことを命じています。延享二年（一七四五）には、諸家所蔵の記録や日記の目録を幕府に提出させています。

さらに幕府は、古文書《こもんじょ》の調査・蒐集《しゅうしゅう》を行っています。元文元年（一七三六）には、戦国大名の今川《いまがわ》、北条《ほうじょう》、武田《たけだ》諸家が作成した古文書を集めて写し取り、元文五年から寛保二年（一七四二）にかけては、青木昆陽を甲斐、信濃、武蔵、相模、伊豆、遠江、三河の徳川家旧領に派遣し、幕領・私領・寺社領の違いなく古文書を蒐集させています。このときの蒐集方法は、集まった古文書を採用と不採用に分け、採用分は江戸に送って影写《えいしゃ》（薄紙に透かして写すこと）し、原本は所蔵者に返すというものでした。影写は精密で、印章なども正確でした。このとき集められた古文書は、「諸州古文書《しょしゅうこもんじょ》」としてまとめられました。なお、昆陽は返却時に所蔵者に対して、「おろそかになせそ（おろそかにしないように）」と、大切に保管するように諭しています。こうした指示が、古文書の重要性を民間社会に認識させる契機になったことは想像に難くありません。

幕府のアーカイブズ政策と関連して、民間社会、地域社会においても新たな動きが見られます。享保期以降、村の歴史、地域の歴史をまとめた「旧記《きゅうき》」が広く成立するようになったのです。たとえば、宝暦一三年（一七六三）に成立した武蔵国多摩郡落合村（東京都多摩市）の「当村記録帳」には、次のように記されています。

すなわち、この村のことは後世わからなくなるので、子孫のためにこの記録を残す、老人たちが語ることは証拠がなく、五兵衛の所持する旧記によれば、私の家の先祖は、寛文の頃に成立した村役人の職に就いていた、その証拠として旧記と寛文五年（一六六五）の検地帳がある、将来のためにこの帳面を大切に保存すること、と記されています。老人の「語り」（記憶）よりも「文書」（記録）の方が「証拠」能力があるという認識を示しています。

江戸社会は、いよいよ私たち現代と同じ文書の時代、文字の時代、証拠主義の時代へと大きく変化していったのです。

◇7 大岡越前の虚像と実像

「大岡政談」の秘密

時代劇などでなじみの大岡越前守忠相《おおおかえちぜんのかみただすけ》（一六七七～一七五一）は、八代将軍吉宗《よしむね》を支えて享保改革を推進した人物です。そして、彼を有名にしたのが、その名裁判ぶりを集めた「大岡政談《せいだん》」です。市井《しせい》に通じ、公平かつ人情味あふれる裁判で庶民を助ける「大岡裁き」こそ、昔も今も変わらぬ彼の人気の源泉といえます。

しかし、国文学者麻生磯次《あそういそじ》の『江戸文学と支那文学』によれば、「大岡政談」の物語の総数は一四一話、そのうち重複するものを除くと九四話、さらに裁判に関係のない話を除くと八七話になります。そして、この八七話のうち二五話が、すでに中国や日本の名裁判物語にある話だというのです。たとえば、継母《ままはは》が実子だと言い張って、実母と子どもの手を引き合う「実母継母詮議《せんぎ》の事」は、中国宋《そう》代の一二〇七年に成立した『棠陰比事《とういんひじ》』に見られるもので、地蔵を縛って反物《たんもの》を盗んだ犯人を捕える「石地蔵吟味の事」も、同じく宋代に成立した『包公案《ほうこうあん》』に同じ話があります。この他、江戸初期の名裁判官とされる京都所司代の板倉勝重《いたくらかつしげ》（一五四五～一六二四）と重宗《しげむね》（一五八六～一六五六）父子の裁判を集めた『板倉政《いたくらせい》要《よう》』（一六〇七〜一二成立）に見られる話もあります。

一方、歴史学の立場から「大岡政談」と史実との関係を調べた辻達也《つじたつや》は、明治二九年（一八九六）当時の「大岡政談」の定型一六篇のうち、享保時代の史実に基づいたものは三篇にすぎないとしました。しかも、このうち将軍御落胤《ごらくいん》事件として知られる「天一坊《てんいちぼう》事件」は、勘定奉行の稲生下野守正武《いのうしもつけのかみまさたけ》の担当であり、大岡の機知により殺人犯を確定する「直助、権兵衛」は、大岡の相役で北町奉行の中山出雲《なかやまいずもの》守時春《かみときはる》の担当事件でした。辻によれば、大岡が実際に担当したのは、新材木町《しんざいもくちょう》（中央区）の商人の妻の密通事件を扱った「白子屋お熊」一件のみといいます（辻達也『大岡政談』総解説）。

これらの研究から、「大岡政談」とは、中国や日本のさまざまな裁判物語や同僚などの事蹟が、大岡越前という人物の名のもとに集められて成立したもの、つまり、大岡の実像とはほとんど無縁の虚像《フィクション》であったことが知られるのです。では、なぜこのようなフィクションが、彼の名のもとにできあがったのか、そしてそのもとになる大岡越前の実像とはいかなるものか、以下、享保改革との関係から見ていきたいと思います。

大岡忠相の実像

大岡が、享保年間（一七一六〜三六）以降に就任した主な役職は、江戸の町奉行（享保二年〜元文元年）、地方《じかた》御用《ごよう》（享保七年〜延享二年）、寺社奉行（元文元年〜宝暦元年）などです。町奉行と寺社奉行の就任にともなって、評定所一座《ひょうじょうしょいちざ》の構成員（享保二年〜宝暦元年）も務めています。評定所は、幕府の最高司法機関であるとともに、立法・審議機関でもあります。大岡は、享保改革の全期を通じて、評定所一座として改革政治に参画しました。この時期、多くの幕府官僚が改革政治にかかわりましたが、全期にわたって評定所一座に居つづけた人物は、大岡ただ一人でした。

これらの職のうち、大岡を有名にしたのは町奉行です。町奉行の濫觴《らんしょう》については諸説ありますが、寛永年間（一六二四〜四四）には成立したと伝えられています。南北二奉行制で、元禄一五年（一七〇二）に中町《なかまち》奉行が設けられましたが、享保四年（一七一九）に廃止されています。町奉行の職務は、江戸府内の武家地と寺社地を除いた町人地の行政・司法・警察などに及びました。江戸市民の生活に直接にかかわる重要な役職でした。

しかし、町奉行というならば、南町奉行大岡の相役の北町奉行をはじめ、江戸全期を通じて多くの町奉行がいました。大岡は、どこが他の奉行たちと違ったのでしょうか。まず、町奉行の就任期間の長さがあります。彼が南町奉行を務めた享保二年（一七一七）から元文元年（一七三六）までの間、相役の北町奉行は中山時春、諏訪頼篤《すわよりあつ》、稲生正武と三人が代わっています。町奉行として大岡が知られるようになる一因は、ここにあるといえます。

しかも、すでに述べたように、大岡は在職期間を通じて、享保期ころまでに形作られた一〇〇万都市江戸に対して、はじめて本格的な都市政策に取り組みました。この結果、大岡は首都改造の推進者として、また市民生活の庇護者として、広く市民に知られるようになったのです。

農政官僚としての活躍

大岡の活躍は、江戸の町以外でも見られました。それは、彼が享保七年（一七二二）から延享二年（一七四五）までの間、地方御用《じかたごよう》という役職を務めたことによります。この職は、大岡が地方巧者《じかたこうしゃ》とよばれる農政・治水に通じた者たちを率いて、江戸周辺の武蔵野（東京都・埼玉県）、下総《しもうさ》小金《こがね》（千葉県）、酒匂《さかわ》川《がわ》（神奈川県）などで、地域開発・復興を行うというものです。町奉行（のち寺社奉行）でありながら、本来勘定所が担当する農政や治水にかかわるという変則的な形態は、江戸時代を通じてこの時期だけでした。

大岡が率いた役人グループは、もと紀州藩士の岩手藤左衛門信安《いわてとうざえもんのぶやす》の子信猶《のぶなお》、元禄時代の勘定奉行荻原《おぎわら》重秀《しげひで》の子で正徳の治において新井白石《あらいはくせき》らに抑えられていた荻原源八郎乗秀《げんぱちろうのりひで》、浪人出身の小林平六《こばやしへいろく》と野《の》村時右衛門《むらときえもん》、武蔵国多摩郡八王子（東京都八王子市）の農村出身で東海道川崎宿（神奈川県川崎市）の宿役人を勤め、農政などに関する意見書『民間省要《みんかんせいよう》』を著した田中丘愚右衛門喜古《たなかきゅうえもんよしひさ》（丘隅《きゅうぐ》）と、子の休蔵喜《きゅうぞうよし》乗《のり》、元猿楽者で農政書『農家貫行《のうかかんこう》』を著した蓑笠之助正高《みのかさのすけまさたか》、元町奉行与力の上坂安左衛門政形《うえさかやすざえもんまさかた》、元多摩郡押立《おしたて》村（府中市）農民の川崎平右衛門定孝《かわさきへいえもんさだたか》、その他、蘭学者青木昆陽《あおきこんよう》らによって構成されていました。

彼らは、それぞれ特異な出自と経歴をもち、勘定所の農財政官僚とは異なるユニークなグループを形成していました。この役人グループは、幕府の農財政の中枢機構である勘定所とさかんに競い合いました。たとえば、『大岡越前守忠相日記』（以下『大岡日記』と略す）の元文二年（一七三七）四月二一日条によれば、江戸山王《さんのう》神社（現赤坂日枝《ひえ》神社、千代田区）の道具修復について、大岡が部下の代官上坂政形と田中喜乗に見積もりをさせ、添書を付けて提出しておいたところ、同じく見積もりを入札していた勘定所の係の一つである神宝方《しんぽうかた》より、「本来こうした職務を専門とする神宝方が入札にはずれては、以後不都合であるので、落札値段の半分で請け負いたいが、どうであろうか」と、裏工作がありました。しかし、大岡は帳面がすでにしまり時期が悪いことを述べ、妙な形でこれ以上値下げをするのはよくないと主張し、勘定所側の申し出を退けています。道具の見積もりに関する記事は、上野寛永寺（台東区）の法談所護摩《ごま》堂《どう》本坊の道具についての同年一一月二四日条にも見られますが、ここにおいても勘定所が大岡側

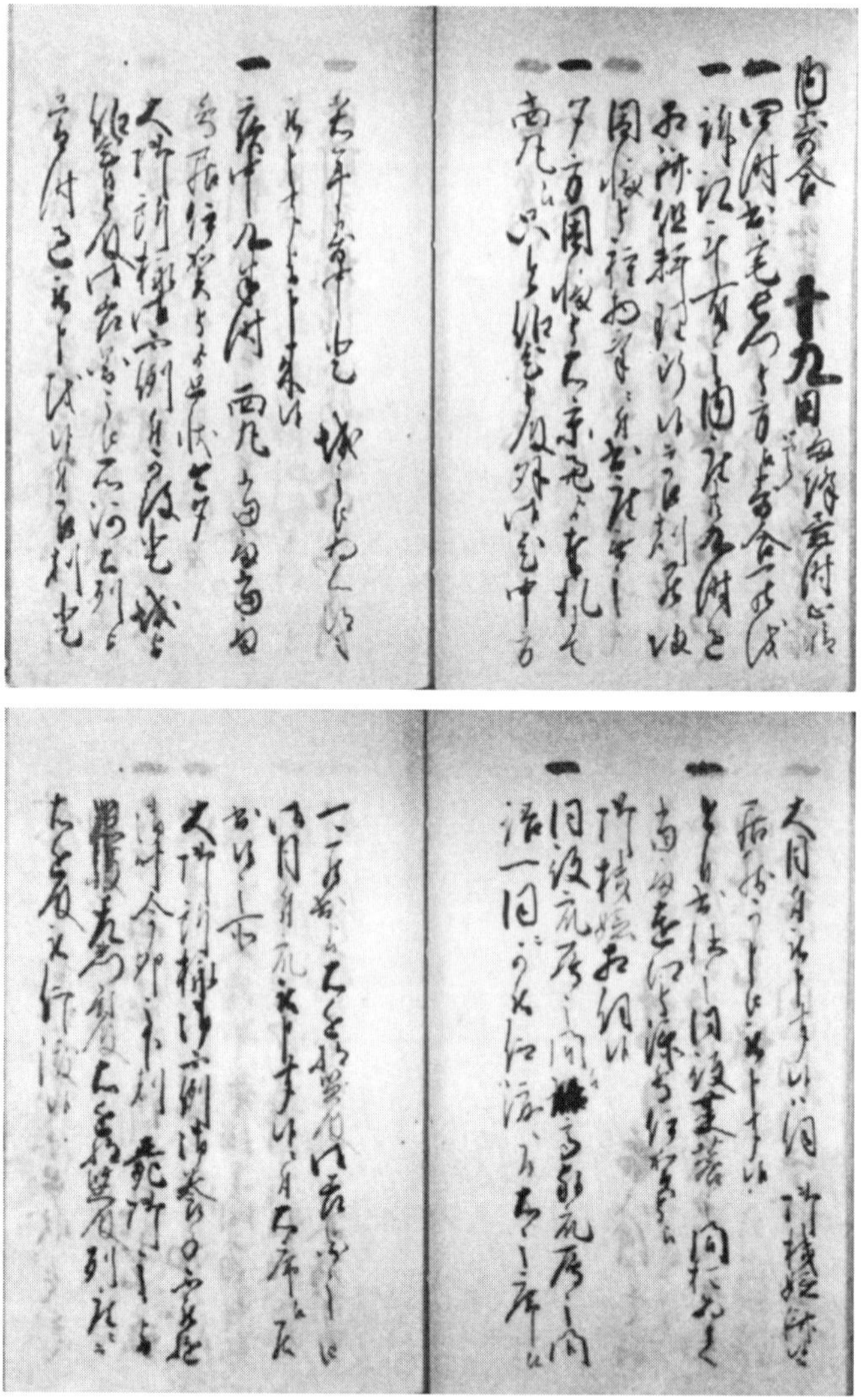

図20　大岡忠相日記（国文学研究資料館寄託）

に敗れています。

また、寛保二年（一七四二）の関東の大洪水後の記事は、玉川上水の水が濁ったことへの対応に関するものです。記事によれば、この仕事は本来ならば、この地域を一円的に支配している勘定所系統の代官、大屋杢之助信行《おおやもくのすけのぶゆき》の仕事になるはずでしたが、将軍吉宗の直々の申し付けにより、大岡配下の上坂が見分に出かけることになったのです。

翌年、この見分をうけて、玉川上水の普請が行われることになりました。まず、大岡支配役人の上坂が工事費として九〇〇〇両を見積もったのに対して、勘定所役人である井沢正房《いざわまさふさ》は六〇〇〇両で行うと見積もりました。しかし、それを大岡支配の川崎定孝は、わずか四〇〇〇両で仕上げました。しかも、大岡はこの普請が一万両に匹敵する出来ばえであるといって、吉宗に川崎への褒美を上申します。

このように、大岡グループは、勘定所と競合・対立しつつ職務を遂行したのです。では、なぜこのような変則的な支配体制がとられたのでしょうか。

享保改革と官僚機構の整備

第6章で見たように、享保改革は幕府の官僚機構が大きく改編・整備される時期でした。とくに勘定所は、享保六年（一七二一）から七年にかけて公事方《くじがた》（訴訟部門）と勝手方《かってがた》（農財政部門）の職務を分割したのに始まり、同八年から一〇年にかけて「上方・関東方」という地域別の幕領二元支配体制からの一元化、そして、享保一〇年（一七二五）の口米制《くちまいせい》（各地の幕府代官が本年貢に加えて徴収していた代官所経費）の廃止にみられる代官の官僚化など、大規模な機構改革が行われました。

大岡は、この過程で地方巧者を率い、勘定所と緊張関係をもちつつ活躍したわけですが、その役割は勘定所機構の整備を促進することにありました。『大岡日記』によれば、延享元年（一七四四）六月二〇日、大岡は地方御用の辞意を表明します。

すなわち、私に預けられた地方御用の任務は、これまで勤務し、私としては一つでも多くの任務につくことは有り難いことですが、このごろは勘定所の体制が、ことのほかよくなっているので、自分の任務は元に返したい、というものでした。

延享元年というのは、まさに享保改革における年貢収納量のピークを示す時であり、勘定所体制が軌道に乗った時期でした。大岡の言葉からも、彼の地方御用が、あくまでも勘定所体制が確立するまでの臨時の役割であったことがうかがえます。大岡およびその配下の者たちは、このために勘定所と競わされ、比べられたのでした。

享保改革の農政は、年貢増徴を至上命題として諸政策を推進する勘定所の農財政官僚と、大岡が率いる地方巧者とが、併存・競合しつつ、前者の制度的確立によって、後者が次第に圧倒される過程でもあったのです。

さて、官僚制の中心機構である勘定所は、全国各地の代官に命じて増税政策を展開します。享保七年（一七二二）以後、各地の幕府領で毎年の実地見分をもとに年貢量を決定する検見取法《けみどりほう》から、一定期間年貢量を固定する定免法《じょうめんほう》へと税制を転換し、役人の不正を防止する一方、幕府収入の増加を図りました。享保一二年には、幕府領全般にわたって年貢率を四〇％から五〇％に引き上げています。享保七年には、上方・西国において、年貢の三分の一を銀納する三分一銀納法《さぶいちぎんのうほう》を中止すると通達し、農民の困窮を利用して換算率を競り上げたり、代官相互間で年貢率を競わせるなどの増税策を打ち出しました。

新田開発も進めました。享保七年に江戸日本橋（東京都中央区）に新田開発令の高札を立て、町人資本を含む開発促進の方針を示したことに始まります。この法令に基づき、越後（新潟県）の紫雲寺潟《しうんじがた》新田、下総（茨城県）の飯沼新田、武蔵（東京都・埼玉県）の見沼《みぬま》新田や武蔵野新田などが開発されました。この間、幕府は享保一一年に新田検地条目を発布し、開発の成果を年貢として徴収する体制を整えています。勘定所の記録によると、幕府の年貢総額の年平均は、享保元年（一七一六）から同一一年の一四〇万石余に対し、同一二年から元文元年（一七三六）は一五六万石余と一六万石も増加しています。この増加は、以上見てきたような、増税政策によるものでした。

この他、甘藷《かんしょ》や櫨《はぜ》の栽培など殖産興業政策や、朝鮮人参などの輸入品の国産化政策も推進されました。この結果、吉宗は、四代将軍家綱《いえつな》が寛文三年（一六六三）に行って以来絶えていた日光東照宮の参詣を、享保一三年に六五年ぶりに復活しました。また、享保一五年ころには江戸城の奥金蔵に新たに一〇〇万両の金が蓄えられ、同年には上米《あげまい》の制が廃止されるにいたりました。

吉宗はさらに、元文二年（一七三七）に松平乗邑《まつだいらのりさと》（一六八六〜一七四六）を勝手掛老中に任命し、改革の総仕上げに取り組みました。乗邑の下で増徴路線を展開した勘定奉行の神尾若狭守春央《かんおわかさのかみはるひで》（一六八七〜一七五三）は、「胡麻の油と百姓は、絞れば絞る程出《いづ》る物也」（本多利明『西域物語』）といったとされる人物で、神尾と組んで畿内で増税を推進した勘定組頭の堀江荒四郎芳極《ほりえあらしろうただとう》も、「東からかん（雁）の若狭が飛んで来て、野をも山をも堀江荒しろ（四郎）」（『甲子夜話《かっしやわ》』）と、落首で詠まれた辣腕《らつわん》官僚でした。

彼らは、改編・強化された勘定所官僚や、「新代官」とよばれる官僚的代官たちを指揮して各地で増税政策を推し進めました。流作場《りゅうさくば》（河川敷）や原地などの新田開発、田畑で全剰余の取り立てをめざす税法の有毛《ありげ》検見取法の採用などは、その代表的な政策でした。乗邑体制のもと、幕府は元文二年（一七三七）から延享二年（一七四五）までの八年間に、面積二万三一〇〇町歩余、石高二万一〇〇〇石、地代金上納分二万七〇〇〇両を得ています。

吉宗による享保改革は、幕府の国家機能・公共機能を大いに拡大しましたが、同時に種々の規制強化や、財源拡大のための厳しい増税政策をともなうものだったのです。

大岡の法令・公文書整備

一方、大岡は享保改革を通じて、官僚制の基礎となる法令や公文書システムを整備しました。まず町奉行時代、町奉行所が享保元年から元文元年までに発令した町触《まちぶれ》や、評定所一座の評議を整理した『撰《せん》要類集《ようるいじゅう》』と『享保撰要類集』を編纂しました。『撰要類集』の巻末には、町奉行大岡が組与力の上坂政形に命じて、町奉行所がそれまで作成したさまざまな書類の中から、のちに参考となるものを選ばせて編纂したことが記されています。編纂作業は、大岡が寺社奉行に異動した元文元年（一七三六）に終わりますが、この過程で、大岡は上坂に対して、不要の書付は紛らわしいので「相除」くよう指示しています。「相除」が廃棄か分別かは不明ですが、大岡のもとで町奉行所の公文書が法令編纂に用いられ、また不要となった文書が整理されたことが知られます。

一方、『享保撰要類集』は、大岡が完成させた『撰要類集』の続編です。すなわち、元文元年の大岡の寺社奉行転出後も、町奉行所は法令整備の事業を継続し、宝暦年間（一七五一〜六四）にこれを改編し、宝暦三年三月までの分を書き加えて完成させました。ここには、老中・若年寄と町奉行とのさまざまなやりとりをはじめ、勘定奉行・寺社奉行と町奉行、南北両町奉行間、町奉行と掛与力《かかりよりき》、町奉行所と町年寄・名主・町人など、各役職間で往来した公文書が収められています。

大岡は、寺社奉行時代にも幕府の公文書システムを整備しています。たとえば、当時老中の御用部屋には、彼らの職務記録である「留書《とめがき》」がありましたが、享保以前の情報については内容が不十分でした。『大岡日記』には、松平家の家祖松平親氏《ちかうじ》の三五〇回忌の法事について、前例の三〇〇回忌を調べたところ、御用部屋の留書が不備であり、五〇年前の儀式のようすすら不明になっていることが記されています。

寛延四年（宝暦元年・一七五一）三月一五日条には、老中の本多伯耆守正珍《ほんだほうきのかみまさよし》が高家《こうけ》の前田信濃守長敦《まえだしなののかみながとし》と大岡に対して、京より江戸に下った東本願寺の僧侶が登城するさいの作法について前例を調べようとしたところ、記録がなく、また記憶している人もなく、困った状況を述べています。老中は、当時の寺社奉行の大岡らに協力を求めたのです。

さて、寺社奉行は定員四名ほどで、譜代大名が任命され、全国の寺社や寺社領を管轄する役職でした。役所はなく、奉行に任命された大名の藩邸を役宅とし、月番制で任務を遂行していました。大岡は自らの役職にかかわる職務記録をプライベートに作成していました。『大岡日記』には、先の松平親氏の命日一件に際して、大岡が全国寺院からの資料の提出に先立ち、自分の私的な留書から将軍家ゆかりの諸国の寺院の位牌《いはい》（戒名）や俗名などを書き出し、提出したことが記されています。大岡は、私的な留書を作成し、折に触れこれを利用していたのです。

以上のように、享保改革当初における老中の御用部屋の留帳は、享保以前の分が不十分であり、また寺社関係の情報蓄積も不十分であったため、幕府は、大岡らの私的情報によってこれを補っていました。寛保二年（一七四二）五月二四日条には、こうした状況を改善するために、大岡ら寺社奉行たちが、将軍吉宗の前で、寺社奉行の公的な留書を作成する必要性を述べたことが記されています。すなわち、寺社奉行職には以前から留書がないため、一件が落着しても、その後判決と異なる前例が見つかる心配がある。この度、『公事方《くじがた》御《お》定書《さだめがき》』ができ、寺社奉行が取り扱う事項が整理されたが、まだ細かい規定はできていない。そこで、寺社奉行らは、公的な留書を作成することにした。作成にあたり、各地の寺社から以前の裁許などを書き出させるが、これに洩れたものは、老中の御用部屋の留書で補うこと、などが記されています。こうして、老中の御用部屋とは異なる寺社奉行の留書が成立したのです。

近年の研究によれば、役所がない寺社奉行の関係文書は、御用箱に入れて、月番《つきばん》（月ごとの当番）が持ち回りで管理していました。しかし、これらのうち、当座利用しない文書について、寺社奉行らが相談した結果、保存分を選び箪笥《たんす》に入れ、それらの目録を作成し、諸宗に与えた朱印状の写とともに、年番《ねんばん》（年ごとの当番）の奉行が保管することになりました。これにより、月番が実際に使う現用文書を御用箱（月番箪笥）に入れて管理し、年番が長年保管する保存文書を箪笥（年番箪笥）に入れて保管する、というシステムができあがったのです。

また、延享四年（一七四七）一〇月には、月番明けの大岡は、御用箱を翌月の月番の小出《こいで》伊勢守《いせのかみ》英持《ふさよし》に回しましたが、そのさい、寺社奉行の寄合の相談に基づき、当座使用しない帳面を調べ、これを長持《ながもち》に入れて年番の酒井《さかい》修理大夫《しゅりのだいぶ》忠用《ただもち》に回しています。小出に回された御用箱には、「当時御用の帳面書付けばかり御用箱に残し入れ置く」と、現用文書だけを入れていたことを記しています。大岡ら寺社奉行は、寺社奉行関係の公文書システムを整備したのです。

このように、大岡は情報蓄積・利用のシステムを構築した有能な官僚だったのです。

「大岡政談」の成立

さて、大岡忠相は享保改革の展開とともに、幕府官僚、裁判官として、また首都江戸の行政官、あるいは周辺地域の農政官などとして、江戸の市民や周辺農民たちに広く知られるようになっていきました。他方、この時期、整備・強化された勘定所を中心とする官僚機構は、こののち年貢増徴路線を邁進します。享保改革期を境に、官僚による支配体制が強化され、一揆や打ちこわしが増えるなかで、「大岡政談」も成長し、広まっていきます。

宝暦年間（一七五一〜六四）ころ、民衆の娯楽である講釈は、それまでの『太平記』などの軍記物を題材としたものから、御家騒動《おいえそうどう》、敵討ち、裁判物語など江戸時代のリアルな事件を題材とする実録物《じつろくもの》へと変化します。貸本屋の増加や写本の流布とともに、こうした実録物の一つとして「大岡政談」が成立します。「大岡政談」は、現在のところ、忠相の死（宝暦元年・一七五一年）後、二〇年もたたない明和六年（一七六九）七月の『隠密録《おんみつろく》』が最も早く、ついで安永六年（一七七七）の『板倉大岡両君政要録』とされます。ただし、これらには「白子屋お熊」や「天一坊事件」などの話はまだなく、全体的に話も短いものでした。これが長編化し、ストーリーが複雑になるのは、一九世紀ころになってからとされます。

以上のように、「大岡政談」は、享保改革において整備された官僚制のもとで支配が強化され、それに対する民衆の不満が高まる中で成長し、広まったのです。大岡の活動が、官僚制の中枢機関である勘定所と競合・対立する一面をもっていたことを考えると（本質的には勘定所機構の改革を促進する役割を果たしていたとしても）、庶民の期待や信望が、大岡に集中していったのも理解できます。フィクションの主人公として大岡が選ばれてくる理由は、ここにあるといえるのです。

⑧ 江戸時代の「小さな政府」

尾張宗春の出現

将軍吉宗《よしむね》による享保改革の半ばの享保一五年（一七三〇）、御三家筆頭の尾張藩六一万九五〇〇石に異色の藩主が出現しました。七代藩主の徳川宗春《とくがわむねはる》です。吉宗による増税と規制強化、国家政策・公共政策の拡大という「大きな政府」の政治のもとで日本中が静まり返るなか、宗春は減税と規制緩和を中心とする「小さな政府」の政治により、次々と新しい政策を打ち出しました。この結果、名古屋城下は経済が発展し、人々が集まり、一城下町から江戸・大坂・京都の三都に次ぐ大都市へと急成長しました。

宗春は、元禄九年（一六九六）一〇月二八日、尾張藩三代綱誠《つななり》の二〇男に生まれました。幼名は万五郎《まんごろう》、求馬《もとめ》、のち通春《みちはる》と名乗りましたが、部屋住みの生活が長く、享保一四年に三四歳でようやく

図21　名古屋城

陸奥梁川《むつやながわ》（福島県伊達市）三万石の藩主になりました。ただし、彼は領地には行かず、江戸で藩政を執ったようです。享保一五年一一月に尾張藩六代継友《つぐとも》が三九歳で亡くなると、本家に戻り藩主となり、翌一六年正月、吉宗の「宗」の字をもらい宗春を名乗ります。宗春も吉宗と似て、尾張藩第二〇子の立場から藩主の座についたのです。

　宗春は、藩主になると、自らの政治理念や施政方針など二一か条を一冊の本（マニュフェスト）にまとめ、享保一六年三月中旬に脱稿し、『温知政要《おんちせいよう》』と題して、藩士たちに配りました。第1条は、君主にとって大切なのは「慈」と「忍」で、藩政に取り組むさい、民に対する慈しみと、忍耐が大切であると自戒しています。第8条では、「法令が年々多くなるに従い、当然違反者も増える、これを取り締まるために、さらに細かな法令を出すことになる……法令は簡略にすれば守るのも楽になり、違反者も少なくなる」と、法規制の緩和を宣言します。宗春は、享保一七年の法度でも、「国に法令多きは恥辱の基《もと》」と、法令が多いことを恥とし、将軍吉宗の詰問に反論したさいにも、「国に法度が少なければ罪人もなく、盗人の心配がなければ平和となる」と述べています（「享《きょう》保尾州《ほうびしゅう》上使留《じょうしどめ》」）。この時期、吉宗は、法制度と官僚機構の整備をもとに規制強化を打ち出していました。吉宗の部下の勘定奉行神尾若狭守春央《かんおわかさのかみはるひで》は、「人ハ大切之ものなれ共、法ニハかえられぬ」、「法ハ人間よりも重ク、法の次ハ人、穀類抔よりも人間は大切、その大切よりも法ハ重ク候」（岡山県玉野市真鍋家文書）と、徹底して法を重視する姿勢を示しています。第6章で吉宗が多くの法典を整備したことを見ました

図22　『温知政要』（国立国会図書館所蔵）

が、宗春の規制緩和の主張は、吉宗の改革政治に真っ向から対立するものだったのです。

また、第3条では、刑罰を科すさい、いったん誤ると、どんなに悔いても取り返しがつかないとし、誤審を厳しく戒めています。第17条では、「たとひ千金をのべたる物にても、かろき人間壱人《ひとり》の命にはかへがたし」と、人の命の尊さも述べています。こうした考えのもと、宗春は藩主在任中、ついに死刑を執行しなかったといいます。

さらに第9条では、倹約主義・緊縮政治が、かえって庶民を苦しめ、無駄が多くなると述べています。彼は吉宗への反論でも、「華美はかえって手下の助けとなる」と、君主の浪費が、実は民間経済を刺激し庶民生活を活性化すると、消費の有効性を主張しています。さらに宗春は、第12条において、「神社仏閣が破損したり、道橋などを修復したり、あるいは所々が衰微し難儀に及んだ場合には、寺社の願いをよく聞き、吟味のうえ、様子によっては、勧進能《かんじんのう》や相撲などの興行《こうぎょう》を免許し、神社・参詣《さんけい》の途中にも、諸人の飢渇《きかつ》を防ぐために、相応の茶店、餅や豆腐などの売店を許可すべき」と、積極的な経済振興策を打ち出しています。

そして第18条では、数万人から一人を支配する者まで、上に立つ者は、下情に通じていなければならない。しかし、通じすぎて物の値段まで知るようになると、かえって下の苦しみになる、とあまりにも細部にわたる支配や統制を批判しています。これも吉宗が浅草の米相場をいつも気にしていたことと対立する考えです。その他、第6条では画一化よりも個性を重視する考えが見られます。すなわち、物には、それぞれ能力・効用があり、松には松、檜《ひのき》には檜の使い道があるように、人にも持ち前の才能があり、人材を用いるさいには、得手不得手を考えて役職に任命すべきと説いています。

自由と個性を尊重する『温知政要』の考え方はたちまち評判となり、尾張藩領内では、宗春を「世こぞって希代《きたい》の名君」(『元文世説雑録』)と讃えました。京都の儒学者中村平五《なかむらへいご》(三近子)も、享保一六年(一七三一)一二月に『温知政要』のガイドブック『温知政要輔翼《ほよく》』を記し、その序文で『温知政要』を「後代不易《ふえき》の教書」(後世までかわらない教科書)と絶賛しています。

名古屋の繁栄

さて、宗春は享保一五年(一七三〇)一一月に藩主になるや、江戸藩邸において規制緩和を実行します。遊芸、音曲《おんぎょく》、鳴物《なりもの》を自由とし、門限をなくしたのです。翌年四月、宗春は初めて尾張に御国入りします。宗春の時代の名古屋のようすを記した『夢《ゆめ》の跡《あと》』などによれば、宗春の入国は、「楽しみ相待つ人も多かりける」と、期待をもって迎えられました。この時宗春は、浅黄《あさぎ》色の頭巾《ずきん》に、全身黒ずくめの衣装、駕籠《かご》に乗らず馬にまたがるという、藩士や領民を大いに驚かす演出《パフォーマンス》をしています。

入国後、宗春は名古屋城にあって、次々と彼の思想を実行に移します。まず、名古屋東照宮の例祭を盛大に行い、六代継友が禁止した藩士の芝居見物を許可します。享保一六年七月、娘八百姫《やおひめ》の喪のために盆祝いが中止になると、代わりに七月二四日と八月一日に盆踊りを許しました。町々は掲提灯《かかげちょうちん》を並べ、見物人も群れをなし、京都名物の河原の夕涼みを上回ったといいます。八月二二日からは一昼夜、城下の下屋敷《した》(名古屋市東区)において町中の踊り組二〇〇組を踊らせ、見物したのち、褒美として銀二枚ずつを与えました。九月以後、西小路《にしこうじ》、葛町《かずらまち》、富士見原《ふじみはら》(名古屋市中区)に遊女町を設け、名古屋城下には全国から一〇〇〇人を超える遊女が集まったといわれます。

宗春の派手なふるまいは、享保一七年三月の江戸参勤の時も見られました。彼は、嫡子万五郎《まんごろう》の初節句のさい、市ヶ谷（東京都新宿区）の尾張藩上屋敷に、緞子《どんす》、紗綾《さあや》、繻子《しゅす》の幟《のぼり》を四〇本、白縮緬《しろちりめん》に染め込みの幟を四〇本、家康《いえやす》が尾張藩祖の義直《よしなお》に与えた旗まで立て、菖蒲兜《しょうぶかぶと》を三〇、そのほか武具、馬具類を多数並べ、町人たちに見せたのです。

翌一八年四月の二度目の尾張入国後は、定光寺《じょうこうじ》（愛知県瀬戸市）など寺社参詣のさいに、白い牛に乗り、猩々緋《しょうじょうひ》（深紅色）の衣服に、萌黄《もえぎ》の頭巾《ずきん》、唐人笠《とうじんがさ》（異国風の笠）をかぶっています。供回りの者たちも、膝の下までの長い衣服を着たり、両袖下や背縫いの下を割り、紅縮緬、紅緞子、金襴地《きんらんじ》を用いるなど、派手な衣装でした。尾張家の菩提寺の建《けん》中寺《ちゅうじ》（名古屋市東区）の参詣のさいも、紅色の衣服羽織に、緋縮緬のくくり頭巾をかぶり、天井のない駕籠に乗り、帰りは一転、真っ白な着流

図23　賑わう名古屋城下（『享元絵巻』，名古屋城管理事務所所蔵）

しに帯を前に結び、二間（約三・六メートル）の長煙管《ながきせる》の先を茶坊主にもたせ、煙草をふかしながら帰りました。

前述のように、芝居や相撲の興行も許可されました。城下の南方の大須《おおす》（名古屋市中区）には、芝居小屋が六〇軒以上も並びました。それまで、菰張《こもば》りや、葦簀《よしず》囲いであった小屋が、この時期、常設の劇場になったのです。地役者《じやくしや》（地元の役者）だけでなく、旅役者や上方役者も名古屋へやってきました。宗春も遊びに出かけ、町人たちは宗春の御成りを歓迎しました。宗春をモデルに芝居『傾城妻恋桜《けいせいつまごいざくら》』も作られました。

遊廓や芝居小屋の周りには多くの店ができました。江戸の越後屋（三井）、京都の大丸《だいまる》屋（下村）、近江の松前屋（岡田）など有力な呉服商が名古屋に進出し、江戸の幾世《いくよ》餅、伊勢の赤福《あかふく》餅、新蕎麦《しんそば》なども売られるようになりました。地元の新興商人も成長し、呉服商の伊藤次郎左衛門《いとうじろうざえもん》家（のちの松坂屋）、米穀商の関戸五兵衛《せきどごへえ》家、内田忠蔵《うちだちゅうぞう》家（内海屋）など、のちに名古屋商人の「三家衆《さんけしゅう》」とよばれる商家も、この時期大きく成長しました。宗春の政治により、名古屋は江戸、大坂、京都に次ぐ都市になったのです。

吉宗の反撃

改革政治を批判された将軍吉宗は、まもなく反撃に出ます。宗春が江戸藩邸で派手な節句を催した享保一七年の五月二五日、吉宗は藩邸の宗春のもとに使者を派遣し、三か条の詰問をつけました。内容は、「一、国元ならともかく、江戸でほしいままに物見遊山《ものみゆさん》をしたこと。一、嫡子《ちやくし》万五郎の節句のとき、江戸屋敷でみだりに町人に見物させたこと。一、倹約令を守らないこと」でした。使者はさらに、

「天下の儀、公儀に相続きて候ては三家と申す儀」と、将軍家に続くものとして御三家（尾張、紀伊、水戸）を位置づけ、「右三か条の趣、御請け仰せ上げらるべく候」と、三か条の了承を求めたのです（「享保尾州上使留」）。

これに対して、宗春は陳謝しながらも、反論を展開します。それは、使者の言葉づかいの批判に始まりました。まず御三家とは、そもそも将軍家、尾張、紀伊の三家をさすのであり、この考えは、権現様（家康）が存命中に決めたと聞いている。したがって、同格の将軍吉宗からの使者は、「上使」ではなく「御使《おつかい》」、吉宗の言葉は「上意」ではなく「御意《ぎょい》」、さらに自分の答えは「御請《おうけ》」ではなく「御返答」であると反論したのです。

このような御三家論を背景に、宗春は、三か条の詰問に反論します。「一、自分は江戸では慎んだふりをして、国元で庶民を顧みず、遊びにふけるような裏表のあることはしない。一、節句祭りを町人に見せてはいけないという法令など、聞いたことはない。権現様から拝領した旗を天下万民が拝して遺徳《いとく》を仰ぐことに問題はないはずである。一、倹約とは、他の大名が行っているように、重税をとって庶民を苦しめることではない。私は増税したり、藩札（藩領のみに通用する紙幣）を発行するなど、庶民を苦しめることはしていない。聖賢《せいけん》（聖人や賢人）がいう倹約とは、上に立つ者が倹約し、下の者は搾取されず、万民が安心するもの」と述べ、他人に倹約を押しつけるのは、立派な君主がすることではない、と吉宗を批判しています。そして、自分の政治については、「先代の借金を済まし、新たな借金もない。町人には新たな役をかけず、農民には年貢をうすくかけている。藩札を発行することもなく、民とともに楽しんでいる」と、述べたのです。これは、当時吉宗の実家の紀州藩が、吉宗の許可を得て藩札を発行したため、金銀の流通が混乱し、町人が苦しんでいることを皮肉るものでした。

この享保一七年五月の吉宗の詰問と宗春の反論によって、両者の対立は一気に表面化しました。翌閏五月、吉宗は『温知政要』を出版しようとしていた京都の西堀川（京都市下京区）の版元に対して、奉行所を通じて発売禁止としました。しかも、宗春の開放政策は、彼自身の足元を動揺させました。それは、城下の風紀の乱れや、藩財政の悪化となってあらわれました。前代継友の時代の享保一三年（一七二八）の財政収支が、米二万八〇〇〇石余と金一万三〇〇〇両の黒字であったのに対して、宗春の藩主就任後の元文三年（一七三八）には米三万六〇〇〇石余と金七万四〇〇〇両余の膨大な赤字になりました。宗春は、財政再建のために町人から借金し、元文二年六月には四〇〇〇両、一二月には一万両、翌三年八月には一万五〇〇〇両と、つぎつぎと借上金を課しました。一方、幕府財政は、完全な赤字でスタートしながら、寛保二年（一七四二）以降の一〇年間に米約七万五〇〇〇石と金約九六万両の黒字へと、大きく回復しました。

享保末年以後、宗春の政治は軌道修正を余儀なくされます。享保二〇年（一七三五）、宗春は三度めの国入りのさい、風紀の取り締まりのために遊廓を一か所にまとめ、新設の芝居小屋をすべて取り払いました。名古屋の繁栄は、一気に終息に向かったのです。他方、宗春は、芝居町の橘町《たちばなちょう》（名古屋市中区）に、強大な権限をもつ警察組織「橘町役所」を設置し、小禄の腹心たちを送りこみました。宗春は、従来の藩の官僚機構とは別に、新たな権力基盤を創出し、藩政を主導しようとしたのです。同時に彼は、梁川藩以来の側近の星野織部則昔《ほしのおりべのりひさ》を年寄（家老）に抜擢し、官僚機構における自らの勢力の強化もはかっています。

しかし、吉宗は宗春に対して猶予を与えませんでした。すでに尾張藩の重臣たちは宗春と距離を置き、幕閣との間で藩主の扱いをめぐり話し合いを始めていました。

元文元年（一七三六）、尾張藩の付家老《つけがろう》の竹腰志摩守正武《たけのこししまのかみまさたけ》は、吉宗の側近や老中の松平乗邑《まつだいらのりさと》らと密会を重ね、宗春失脚の計画を立てたといわれます。そして、元文三年（一七三八）六月九日、尾張藩の評定所は、藩の政治をすべて宗春以前に戻すという触を出しました。これは、宗春が江戸滞在中、了解を得ないまま出されたもので、重臣らによるクーデターでした。遊廓は禁止され、芝居小屋は大幅に縮小されました。宗春が創設した橘町役所も廃止され、宗春は藩内の権力基盤を一気に失ったのです。

元文四年正月一二日、尾張藩の重臣五名は、江戸城に呼び出され、老中列座の上、吉宗の意をうけた松平乗邑が、宗春の蟄居謹慎《ちつきょきんしん》を申し渡しました。不行跡が重なり藩政が乱れ、士民が困窮したというのが理由でした。尾張藩の家老たちが、このようなことは家康の時代以来なかったことだ、と嘆いたのに対して、宗春は「おわり（尾張）初もの」（終わりが最初）と洒落《しゃれ》て、藩主の座を下りたといいます。

こうして、宗春の吉宗（中央政府）への反乱は、わずか八年で失敗に終わりました。宗春四四歳のことです。

宗春の失脚にともない、彼の側近たちも、引退や知行削減の処分をうけました。星野則昔は隠居のうえ、知行五〇〇〇石のうち一族に八〇〇石が与えられただけで、屋敷を没収されました。千村新平、幡野弥兵衛、浅田市右衛門は知行没収、かわりにわずかな扶持《ふち》が与えられ、河村九郎右衛門以下の多くの者たちも、知行や扶持米を没収されました。当時、江戸の庶民は、「わるだねの尾張大根かぶとりてあさづけにしておしこめておきや」「見わたせば妾もお部屋も居ざりけりうき一か谷（市ヶ谷）のあきのゆふぐれ」と、宗春の押し込め、隠居事件を落書《らくしょ》に詠んでいます。

宗春失脚の本質

さて、この宗春失脚について、伊勢国三重郡四日市宿（三重県四日市市）の本陣（大名や公家などの休泊施設）の史料「元文四年尾張様御隠居之御儀」には、次のように記されています。

すなわち、正月一四日、幕府は、今後の尾張藩政は、すべて成瀬隼人正《なるせはやとのしょう》（正泰《まさもと》）と先述の竹腰志摩守（正武）の二人の付家老が担当し、そののち藩主に上申すること、諸大名は、宗春隠居の理由が彼の行いが悪かったことをよく考え、今後は諸事家老たちに任せ、庶民に憐愍《れんびん》を加えることを指示したのです。吉宗ら幕府首脳が、宗春のように幕政を批判し、独自の藩政を展開する藩主の出現を警戒したことがわかります。

仙台藩の史料によると、宗春一件を教訓とし、他の藩主は行いを慎み、「領分家中作法正敷有之様《ただしくこれあるよう》」に心掛けることを老中松平乗邑から言い渡されています。宗春失脚とは、享保改革における幕府権力の強化と、藩主専制を抑えて藩政の独自性を弱める方向を示す象徴的な事件でした。

さて、謹慎の身となった宗春は、元文四年九月二二日に江戸を立ち、木曽路を通って一〇月三日に名古屋に入りました。名古屋には再び倹約令が出され、町の賑わいは消えました。宗春は外出を許されず、二二年後の宝暦一一年（一七六一）、父母の霊廟《れいびょう》への参拝が最初の外出でした。宗春が世を去るのは、明和元年（一七六四）、謹慎処分を受けてから二五年後でした（六九歳）。ライバルの吉宗は、すでに一三年前の宝暦元年（一七五一）に死去していました。

しかし、宗春は死してなお、幕府から許されませんでした。尾張藩の繰り返しの願いにもかかわらず、謹慎処分は解かれませんでした。彼が許されるのは、没後七五年の天保一〇年（一八三九）でした。この年一二月に、一一代将軍を退いた家斉《いえなり》の子斉荘《なりたか》が尾張一二代藩主に就任するのを機に、同年一一月五日宗春に従二位権大納言を追贈し、歴代尾張藩主に加えることを許されたのです。しかし、将軍家への遠慮からか、菩提寺建中寺の宗春の墓には、罪人として金網がかけられたままで、金網がはずされるのは、死後一〇〇年以上たった明治になってからのこととされます。

さて、宗春失脚は、吉宗と宗春の二人の個人的感情の対立とか、吉宗と尾張藩との因縁というレベルの問題ではありませんでした。吉宗が徹底して宗春を追い込んだのは、現実に進行している享保改革の成否にかかわる問題を含んでいたからです。すなわち、宗春の背後には、改革政治に対する大きな社会的不安や不満が存在していたのです。

すでに早く、享保六年（一七二一）浪人の山下幸内《やましたこうない》は目安箱に投書し、吉宗の改革政治を批判しています。幸内は、金銀箔の使用を禁止したり、子どもの玩具類の製造にまで規制を加えたのを批判し、「恐れながら御器量《きりよう》せまく、すなわち押しつけ、日本衰微の元にて候」と、経済衰退の原因とし、「金銀箔を使うような者は、大身《たいしん》か裕福な者なのだから、溜《た》まり金銀を出させ、これを流通させるべき」と、消費拡大による景気浮揚策を主張しました。

また、吉宗と宗春の対立が明確になりつつあった享保一八年（一七三三）八月、儒学者の太宰春台《だざいしゅんだい》は、上野沼田藩（群馬県沼田市）の藩主の黒田豊前守直邦《くろだぶぜんのかみなおくに》に対して、上書で「現在天下の万民が吉宗を怨むこと讐敵《しゅうてき》のごとく」と述べ、減税と規制緩和こそ、民衆の支持を得る方法と主張しています。同じ頃、伊勢国一志《いちし》郡川上村（三重県津市）で生まれ、江戸で商人として成功した食行身禄《じきぎょうみろく》（伊藤伊兵衛《いとういへえ》）は、山岳信仰の「富士講《ふじこう》」を信じ、四民平等を主張しました。彼は、農民たちが苦しむのは、吉宗の強権政治のせいとして、享保一八年に「世直し」のために富士山で断食して果てました。

一方、宗春政治を称讃する声は広がっていました。食行身禄は、伊勢に別れを告げるために一時帰郷したさい、途中の名古屋で『温知政要』を読み、大いに感動したといわれます。当時の落書には、「公《く》方《ぼう》様は乞食に似たり、尾張は天下に似たり」と見えます。庶民の間には、あきらかに吉宗と宗春の政治を対比的にとらえ、宗春を讃える風潮があったのです。

宗春失脚後も、彼の政治を懐かしむ者は多くいました。城下町の商人小刀屋藤左衛門《こがたなやとうざえもん》は、宗春の恩赦を幕府に出願して不届きとされ、尾張藩の流刑地の篠島《しのじま》（知多郡南知多町）に流され、許されないまま同地で死去しました。また、宗春時代の名古屋の繁栄のようすを記した『夢の跡』は、現在名古屋地域で、六〇種以上の写本が存在しています。名古屋の庶民らは、宗春の時代を「夢」として語り伝えたのです。

庶民による宗春称讃の風潮は、幕府にとっては、ゆゆしき事態でした。このまま放っておくと、御三家筆頭の尾張藩主宗春は、反吉宗・反改革の政治的シンボルになる恐れもありました。この時期、すでに享保改革は、老中の松平乗邑を首班として最終段階に突入していました。宗春失脚とは、不道徳な君主、野放図な君主の処罰ではありませんでした。改革政治を完遂しようとする勢力が、批判勢力を目に見える形で押しつぶしたところに、この事件の本質があったのです。

こうして敵対者を排除した吉宗は、松平乗邑に命じて、改革の総仕上げに取り組みました。改革後期、徹底した増税と規制強化の結果、年貢収納量は享保改革期のピークに達しました。幕府財政は好転しましたが、支配の強化により、庶民の不満は高まりました。松平乗邑への批判を集めた『松平左近将監風説集』によれば、増税が厳しいため、農民たちは吉宗や幕府に反感を抱き、規制強化に対して次のような不満を記しています。

すなわち、松平乗邑、本多忠統《ほんだただむね》、神尾春央ら改革推進派は、やたらに鍋（社会）の中に杓子《しやくし》を入れてかきまわすので、本来の魚の形はくずれてどろがゆのようになってしまった。世の中は何もしないで、そのままにしておけば自然と豊かになるのに、と世話をやきすぎる鍋料理にたとえて批判しています。

さらに、法の整備や強化をとりあげ、「左近儀御仕置《おしおき》を杓子《しやくし》にてこねまわし、色々細かに部を付け候故《ゆえ》、限り無之」と、刑罰もまた乗邑がこまごまと分類し、「紙一枚の御定目《ごじょうもく》にて相済候儀を、左近は千枚にも罷成候、これ小智《しょうち》の短才《たんさい》にて、中々天下の政道職は、提灯につりがねにて候」と、一枚の紙ですむ法令を千枚にもしてしまうと、細かな法整備が法制度を煩雑にし、国政には不似合いと批判しています。

物価政策についても、物の値段は自然（需給関係）によって決まるものであり、公儀の威光や人の知恵など人為的な操作で決まるものではないと、権力の市場介入を批判しています。そして、乗邑の規制強化により江戸の町や世の中が衰微したとも述べています。

改革後期、庶民の不満や批判は相当に高まっていました。尾張宗春の反乱は、こうした反吉宗・反改革の機運の中での出来事でした。だからこそ、吉宗はこれを厳しく処分したのです。しかし、赤字財政を大きく黒字に変え、国家支配を強化した吉宗の改革は、必ずしも庶民に歓迎されたわけではありませんでした。吉宗の隠退にさいして、出羽国村山郡の農民たちは、新たな政治への転換と喜んでいます（『大町念仏講帳』）。当時、庶民の間で吉宗は、名君あるいは中興の英主などと讃えられていたわけではなかったのです。

国民生活の維持・安定へ向けて国家支配を強化した吉宗の改革は、庶民の不満や批判のなかで幕を閉じました。しかし、享保改革によって整備された法と官僚を中心とする国家システムは、その後も引き続き強化されます。享保改革に続く宝暦年間（一七五一～六四）、幕府は予算を査定し、公表するようになります。さらに明治以後には、欧米のさまざまなシステムが導入され、国民生活を維持・管理するために、より精密な国家システムへと成長していくのです。吉宗の享保改革は、この意味において、国家支配の近代化への起点として重要な意義を持つものでした。そして、吉宗がめざした、強力な国家・中央政府による国民生活の維持・安定という政治は、この後明治維新をへて、近代化のなかで、中央集権化や官僚支配、さらにはナショナリズムの台頭など、新たな問題をはらみながら達成されることになるのです。

⑨ 幕政を支えた三人の老中

田沼意次の重商主義

延享二年（一七四五）に八代将軍吉宗《よしむね》が将軍を隠退して以後、宝暦八年（一七五八）に田沼意次《たぬまおきつぐ》（一七一九〜八八）が評定所で幕政に参加するまでの、九代将軍家重《いえしげ》の時代、幕府には吉宗のような強力な政治リーダーは現れませんでした。

吉宗の長男家重は、言葉が不明瞭であったこともあり、将軍になってからも自分の意志を十分に伝えることができませんでした。側近の大岡忠光《おおおかただみつ》（一七〇九〜六〇）だけが、家重の言葉を理解できたといいます。このため、忠光の家禄は最初三〇〇俵でしたが、若年寄をへて側用人にすすみ、さらに二万石の武蔵岩槻《いわつき》藩（埼玉県岩槻市）の藩主となりました。しかし、彼は積極的に政治を主導するようなタイプではありませ

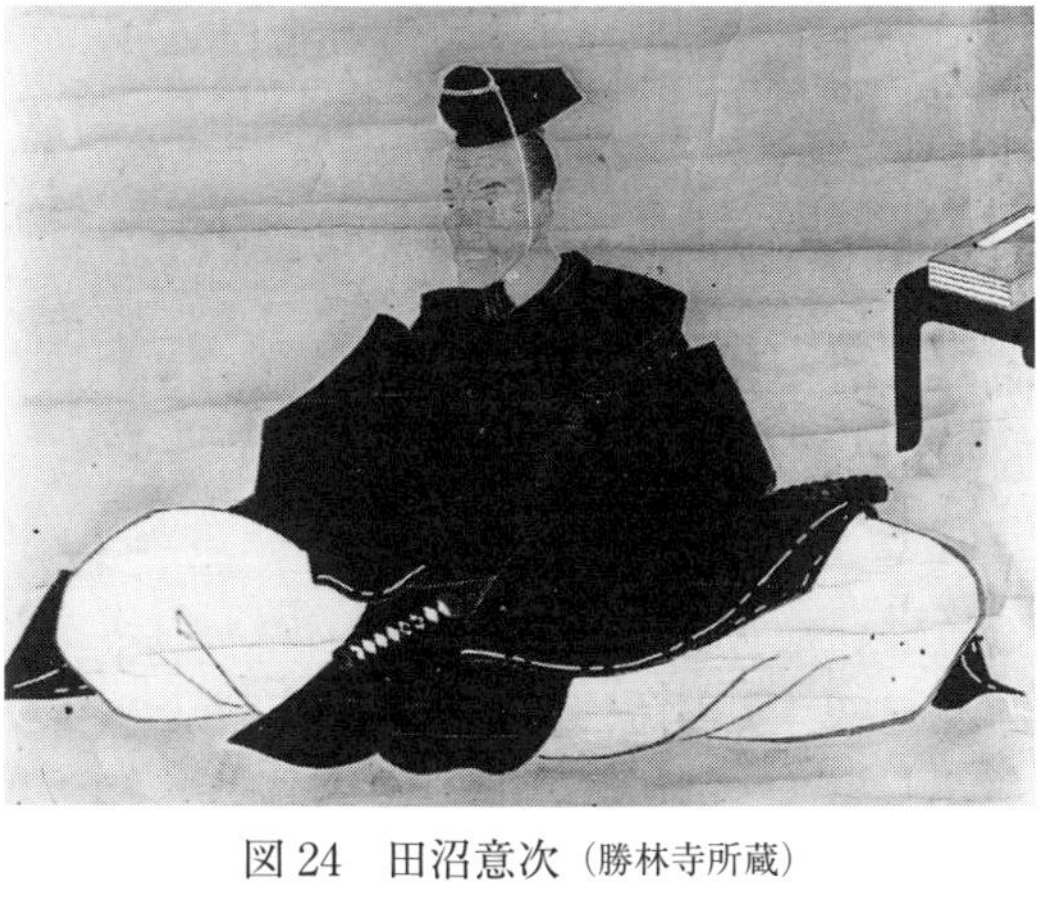

図24　田沼意次（勝林寺所蔵）

んでした。

吉宗と意次という二人の個性的な政治家が活躍する時期にはさまれて、これまで家重の時代は、政治が停滞した時期として、とらえられていました。しかし、幕府権力を強くして国家の仕組みを整え直そうとする政策は、享保改革に続き、この時期にも見られました。たとえば、行政においては、あらかじめ予算を決めてこれを守るように努めるなど、享保改革で整えられた官僚システムを、さらに発展させる努力が続けられていたのです。

また、この時期、幕府は自らの権力を強めることで諸藩をまとめようとしました。たとえば、宝暦四年（一七五四）から宝暦八年（一七五八）にかけて美濃郡上《ぐじょう》藩（岐阜県郡上郡八幡町）で起こった郡上一揆を見ると、そのようすがわかります。「一揆」とは、もともと心を同じくして、行動をともにすることをいいます。戦国時代以前にも見られた言葉ですが、江戸幕府は、治安維持を目的に、一揆を法律で禁止しました。しかし、農民たちは違法と知りながらも、年貢の引き下げや役人の不正などを訴えて一揆を起こしました。これを百姓一揆といいます。

江戸時代の百姓一揆というと、農民たちが武器をもち、むしろ旗を押し立てて、領主の軍勢と激しく戦うシーンを思い浮かべるかもしれません。たしかに、時には武力に訴えることもありましたが、多くの場合、指導者の指揮のもと役所や城下に押しかけ、数の力を背景に奉行や役人らと交渉する姿が一般的でした。一揆勢の要求が認められる一方、領主からの重い処罰を免れることも多かったのです。

郡上一揆は、郡上藩主の金森《かなもり》少輔頼錦《よりかね》が、困窮した藩財政を建て直すために、幕府老中の本多《ほんだ》正珍《まさよし》らの力を借りて、年貢を増徴しようとしたことに始まります。これに対して、郡上の農民たちは、集団で強く反対の意志を示す強訴《ごうそ》や、老中酒井忠寄《さかいただより》が乗った駕籠《かご》を待ちうけて直接訴える駕籠訴を行うなど、粘り強く抵抗しました。一揆の結果、指導者のうち四名が獄門《ごくもん》（晒《さら》し首）、九名が死罪となりましたが、郡上藩主金森頼錦は改易となり、老中の本多正珍も処罰されました。金森氏の重い処罰は、このころ幕府が大名を厳しく統制していたことを示すものでした。

郡上一揆が起きたとき、それまで将軍家重の側近であった田沼意次は大名になり、評定所に出座して、老中らとともにこの一揆について取り調べるように命じられました。これをきっかけに、彼は幕閣《ばっかく》において勢力を強め、天明六年（一七八六）までの二八年間、幕政を主導しました。この時期は、九代将軍家重と一〇代家治《いえはる》の時期にあたります。

意次の父は、紀州藩の足軽でしたが、紀州藩主の吉宗が将軍に就任すると、吉宗に従って旗本になりました。意次は、はじめ家重の小姓でしたが、宝暦八年（一七五八）に大名となり、将軍家治の側用人に進み、安永元年（一七七二）老中に就任しました。彼が評定所の評議に出席するようになる宝暦八年から、老中を退任する天明六年までの約三〇年間を、「田沼時代」とよびます。

意次の政治は、これまでのように年貢を重くして幕府の収入を増やしたり、倹約して支出を減らしたりするものではありませんでした。彼は、農業を経済の中心とする重農主義に限界を感じ、農業だけでなく、商業や流通からの収入を増やして幕府財政を建て直そうとする重商主義へと転換したのです。

意次の重商主義の代表的な政策は、株仲間《かぶなかま》の公認です。株仲間とは、独占的な営業を認められた商工業者の同業者組合です。株仲間に入らないと、材料や製品の仕入れや販売ができず、逆に株仲間に入れば、自分たちだけで利益を独占することができます。いわゆる「業界」の成立です。幕府は、株仲間にこうした権利を与える代わりに、運上《うんじよう》金や冥加《みようが》金《きん》などの税金を賦課しました。それまでは、土地から上がる年貢が幕府収入の中心でしたが、意次の政治により商工業者の営業活動にも税金をかけることになりました。

意次はまた、長崎での貿易を拡大するために、輸出品の銅を集める銅座や、俵物《たわらもの》（干なまこ、干あわび、鱶《ふか》ひれなどの海産物）を集める俵物役所を、長崎奉行のもとに設置して輸出を奨励しました。さらに、蝦《え》夷《ぞ》地《ち》を開拓し、ロシアとの交易を視野に入れて北方を調査しましたが、これは実現には至りませんでした。

この時期、商人の経済力を利用した新田開発も試みられています。たとえば、天明二年（一七八二）、江戸や大坂の町人資本を利用し、利根川水系の下総国印旛沼《いんばぬま》や手賀沼《てがぬま》（千葉県）の干拓が行われました。しかし、この工事は途中で大洪水にあい中断しました。意次は、八代将軍吉宗の政治に倣って蘭学を保護したので、この時代には学問や芸術も発達しました。

しかし、商人たちの力を利用する田沼意次の思い切った経済政策は、農業を基本に据える保守派の政治家や官僚から批判を受けました。また、官僚に対して不正にお金や品物を贈る賄賂《わいろ》の風潮が広まり、官僚の出世がお金で決まる状況も起こりました。

「役人の子はにぎにぎをよく覚へ」（賄賂を取り馴れている役人たちの赤ん坊は、物を握るしぐさを上手に覚える）

「役人の骨つぽいのは猪牙《ちよき》に乗せ」（頑固で融通の利かない役人は、女性と遊ぶ吉原行きの小船に乗せて接待すればよい）

これらの川柳は、意次の政治に対する庶民の批判のあらわれでした。

意次政権の終わり頃の天明三年（一七八三）、東北地方から関東地方を中心に、列島社会は全国的な飢饉に襲われました（天明の飢饉）。同年、浅間山（長野県）が噴火し、関東地方に大量の火山灰を降らせました。また冷害が起こり、農作物に大きな被害を与えました。天明六年（一七八六）には、飢えと疫病による死者が一三万人出たともいわれます。人々は、農作物を収穫できなくなった村を離れ、都市へと移動しました。農村は荒地が増え荒廃しました。不作のために米価が上がり、江戸をはじめ各地で百姓一揆や、豪農や豪商の家・財産を破壊する打ちこわしが起こりました。

田沼意次は、社会の不安と不満が高まるなか、ついに失脚したのです。

松平定信と寛政改革

田沼意次に代わって幕府の政治を主導したのは、陸奥《むつ》白河《しらかわ》藩主（福島県白河市）の松平定信《まつだいらさだのぶ》（一七五八～一八二九）でした。定信は、徳川将軍家一族の御三卿の一つ田《た》安《やす》家の出身で、八代将軍吉宗の孫にあたります。天明の飢饉のとき、仙台藩や津軽藩など東北諸藩に大きな被害が出るなか、定信の白河藩では、日ごろから飢饉に備えて米を蓄えていたため、餓死者を一人も出さなかったといわれます。こうした政治力が評価され、周囲の期待の

図25　松平定信（南湖神社所蔵）

もと、定信は天明七年（一七八七）に三〇歳で老中に就任しました。

定信は、商人との関係を強めた田沼政治を改め、享保改革を手本に、寛政五年（一七九三）までの約六年間、再び改革政治を行いました。これを寛政改革といいます。

定信は、まず江戸の都市政策として、石川島《いしかわじま》（東京都中央区）に人足寄場《にんそくよせば》を設けました。当時江戸には、飢饉や災害、重税などを逃れるため、家出をするなどして、人別帳（戸籍）からはずれた無宿人《むしゅくにん》とよばれる人々がたくさんいました。定信は、こうした無宿人を人足寄場に集め、職業訓練をして社会に復帰させることにしたのです。

一方、農村政策として、荒れ果てた農村の復興もはかりました。寛政二年には、日雇いなどの仕事を求めて江戸に流入した農民に対し、金銭を与えて村に返す「旧里帰農奨励令《きゅうりきのうしょうれいれい》」を出し、さらに出稼ぎを制限しました。また、定信は飢饉に備えて蔵をつくり、米を蓄える「囲米《かこいまい》の制」を全国規模で行いました。さらに、幕府の資金を有力農民に貸し付け、その利息により、荒れた田畑を再開発させたり、逃亡した農民を帰村させたり、子どもの養育費にあてさせたりしました。

しかし、定信は学問や思想を厳しく取り締まりました。儒学の一派である朱子学を公式の学問として奨励し、朱子学以外の学問を禁止しました。湯島聖堂に付属する林家《りんけ》の学問所では、朱子学以外の講義を禁止し、朱子学を学ぶ者でなければ幕府の役人になれないようにしました。これを「寛政異学《いがく》の禁」といいます。このあと、湯島の学問所は、幕府が直接管理することになり、昌平坂学問所《しょうへいざかがくもんじょ》と名を改めました。また、戯作者《げさくしゃ》の山東京伝《さんとうきょうでん》（一七六一〜一八一六）が書いた洒落本《しゃれぼん》が風紀を乱すとして、京伝を五〇日間の手鎖の刑に処し、出版元の蔦屋重三郎《つたやじゅうざぶろう》（一七五〇〜九七）も罰しました。

このように、寛政改革は、享保改革と同じく規制を強める政策が多かったので、人々の反感を買いました。規制が強められたことで経済が滞り、寛政五年、定信はわずか六年で老中を引退しました。「白河の清きに魚の住みかねてもとの濁《にご》りの田沼こひしき」、この落書《らくしょ》は、白河藩主の松平定信のクリーンな政治のもとでは暮らしにくく、かえって昔の濁った田沼政治が恋しいという意味で、厳しすぎる寛政改革に対する庶民の反感をうたっています。

「名君」「賢相」の時代

一八世紀後半の田沼意次から松平定信の時代にかけて、全国の諸藩でも、財政再建と支配の再編に向けて藩政改革を実施しました。この時期、幕府と同じように、諸藩の財政も窮乏していました。年貢収入はすでに限界に達していたのに対し、元禄年間（一六八八～一七〇四）以降の消費経済の進展が支出を増大させていたのです。相次いで起こった災害飢饉、年貢の引き下げを求める百姓一揆も、藩財政の窮乏化に拍車をかけました。三都の豪商への借金も断られるようになりました。一八世紀の藩政改革は、こうした藩体制の動揺への対応でした。

この時期、諸藩では改革を主導する多くの藩主＝「名君《めいくん》」が登場しました。

「名君」とよばれる藩主は、江戸前期にもいました。第4章で述べたように、儒教振興にもとづく文治政治のもと、岡山藩の池田光政《いけだみつまさ》は熊沢蕃山《くまざわばんざん》を、会津藩の保科正之《ほしなまさゆき》は山崎闇斎《やまざきあんさい》を、水戸藩の徳川光圀《とくがわみつくに》は中国人の朱舜水《しゅしゅんすい》を、金沢藩の前田綱紀《まえだつなのり》は木下順庵《きのしたじゅんあん》を、それぞれ儒学者をブレーンに登用し、自らの理想や政治方針を前面に出し、藩政を主導して藩体制を確立しました。彼らは、江戸前期の「名君」とよばれます。しかし、第8章でみたように、享保改革期、尾張藩の徳川宗春《とくがわむねはる》失脚を境に、藩主の主導権は抑制され、藩官僚とタイアップして政治運営をするようになりました。

一方、一八世紀を通じて、幕府と同じように、諸藩でも官僚制が整えられました。藩士が農村を直接支配する地方《じかた》支配から、藩から給米《きゅうまい》（サラリー）を与えられる蔵米取《くらまいど》りへと変化し、藩法の整備、官僚機構の発達、公文書制度の確立、予算制度の進展など、支配の合理化・客観化が進んだのです。江戸中期の「名君」たちは、これら藩制の発展を背景に、藩官僚のサポートを受けて、はじめて藩政改革を断行できたのです。中期の「名君」（藩主）と「賢相《けんしょう》」（家老などの優秀な藩官僚）のコンビとして、米沢藩（山形県）の藩主上杉治憲《うえすぎはるのり》（鷹山《ようざん》、一七五一〜一八二二）と家老莅戸太華《のぞきどたいか》、会津藩の松平容頌《かたのぶ》と家老田中玄宰《たなかはるなか》、長岡藩（新潟県）の牧野忠精《まきのただきよ》と家老山本老迂斎《やまもとろううさい》、松代藩（長野県）の真田幸弘《さなだゆきひろ》と恩田杢《おんだもく》（一七一七〜六二）、熊本藩の細川重賢《ほそかわしげかた》（一七二〇〜八五）と堀勝名《ほりかつな》などが知られています。

図26　上杉鷹山（上杉神社所蔵）

これら中期藩政改革に共通する特徴は、以下の三点です。

第一は、農村の建て直しです。藩財政は農村からの年貢を基本としていましたが、農村は商品経済の発展により貧富の差が拡大しつつありました。また、災害などにより荒廃現象も見られました。農村再建は、各藩共通の課題でした。

第二は、藩主導の殖産興業と専売制です。諸藩は領内で産業を起こし、領外へ販売して利益を独占しようとしました。ここにおいて、藩は巨大な経営体へと変化したのです。

第三は、藩校の設立です。米沢藩の興譲館《こうじょうかん》、松江藩（島根県）の文明館、薩摩藩の造士館《ぞうしかん》など、各地で藩校が設立されました。これらの藩校は、藩官僚を育成するとともに、藩領全体の文化・教育の拠点として重要な役割を果たしたのです。

以上のように、中期藩政改革は、商品経済の発展を受けて、藩主と藩官僚が協力し、藩体制と藩財政を再建しようとするものでした。このさい諸藩が農政と並行して、流通、金融、殖産などの分野の政策を展開したことは注目されます。中期藩政改革もまた、吉宗〜田沼期の幕政と同一基調にあったのです。

水野忠邦と天保改革

天保一二年（一八四一）から一三年までの二年余、幕府の老中首座として天保改革を推進したのは、水野忠邦《みずのただくに》（一七九四〜一八五一）でした。天保改革は、享保改革と寛政改革を手本に展開されました。

天保改革では、まず社会を安定させるために物価を抑えることを重視しました。水野忠邦は、物価が上がる原因を庶民のぜいたくのせいとして厳しい倹約令を出しました。庶民の娯楽で

図27　水野忠邦（東京都立大学附属図書館所蔵）

あった歌舞伎や寄席《よせ》を取り締まり、見せしめのために歌舞伎役者の七代目市川団十郎《いちかわだんじゅうろう》の裕福な暮らしを咎め、江戸から追放しました。

同一二年には流通を独占していた株仲間を解散させ、商品の流通量を増加させて、価格を下げようとしました。その他、風紀をただすことを目的に、出版を厳しく取り締まりました。戯作者の為永春水《ためながしゅんすい》（一七九〇〜一八四三）や柳亭種彦《りゅうていたねひこ》（一七八三〜一八四二）は、作品が風紀を乱すとして罰せられました。

翌一三年には、出稼ぎなどのために江戸にやってきた農民たちを強制的に村に返し、農村の復興をはかる「人返し令《ひとかえしれい》」を出しました。同年にはまた、幕府の権力を強化するために、江戸と大坂周辺の大名と旗本の領地を幕府領にする「上知令《あげちれい》」を発布しました。しかし、上知令は大名・旗本・農民たちの激しい反対にあい、実行することはできませんでした。これは、大名や旗本に金銀を貸している町人や農民が、領主が変わることによって、それまで貸していた金銀を踏み倒されることや、新しい領主が年貢を増やすことなどを心配して、大名や旗本に対して領地替えに反対するように働きかけたためでした。

天保改革は、さまざまな規制強化を急激に実行したために、経済活動は滞りました。また、株仲間を解散させたことも、かえって流通を混乱させました。この頃の落書に、「白川の昔の波にひきかへて浜松風の音のはげしき」というものがあります。これは、白河藩主であった松平定信が行った寛政改革にかわり、浜松藩主の水野忠邦の改革の風が激しく吹いているという意味です。水野忠邦の政治も、結局は松平定信の政治と同じようなものだと皮肉っています。

さまざまな批判や反対運動のなかで、忠邦は二年余で失脚しました。天保改革の失敗は幕府のさらなる変化、改革の必要性を示すものでした。

江戸の達成

本編は、政争、テロ、内乱などで知られる幕末維新期をあつかいます。しかし、世界的規模で、近世から近代への移行を見ると、日本の場合の移行の速さ、抵抗の小ささ（省エネ・小リスク）は注目されます。そして、これを可能にしたのが、江戸を中心とする列島規模での国家・社会の均質化、地域・身分をこえた「国民」の形成でした。「明治維新」とは、それまで譜代大名や旗本など「幕府官僚」がになっていた国政運営を、朝廷・親藩・外様藩などの官僚を加えた「新政府官僚」がになうようになった政権交代と位置づけられます。西洋列強の圧力のもとで、この政権交代がスムーズに達成されたことこそ、江戸時代265年の「平和」と「文明化」の成果といえるのです。

⑩ 江戸の「教育力」

江戸テクノロジーの発達

幕末期の慶応元年（一八六五）、トロイの遺跡を発見したことで知られるドイツ人のハインリッヒ・シュリーマンは、世界旅行の途中で日本に立ち寄りました。この時彼は、「この国は『平和』で、総じて満足しており、豊かさに溢れ、極めて堅固な社会秩序があり、世界のいかなる国々よりも進んだ文明国である」（『シュリーマン日本中国旅行記』）と、江戸の「平和」と「文明」を高く評価しました。

江戸時代は、自然や神仏が支配する呪術《じゅじゅつ》的な観念に基づく段階から、人間が自らの力を信じて自然に働きかける合理的・客観的な段階へと移行した時期です。戦国時代から江戸前期にかけて列島の大開発が行われ、耕地は三倍、人口は二・五倍に増加しました。文字や教育が普及し、神仏に頼る紛争解決の手段である湯起請《ゆぎしょう》（熱湯の中の石をつかみ手の火傷により正否を決める）や、鉄火《てっか》（熱した鉄の火箸を握り、火傷により正否を決める）などの神判法が禁止され、証拠をもとに幕府（公儀）が裁決する合理的・文明的な解決方法が普及しました。

このような「平和」と「文明化」の新たな土壌の上に、江戸の科学技術《テクノロジー》が花開きます。先のシュリーマンは、「もし人が言うように文明を物質文明として理解するなら、日本人は非常に文明化された民族だといえよう。なぜならば産業技術において、彼らは蒸気機関の助けもなく達せられうるかぎりの非常に高度な完成度を示してきているからである」（同前）と、江戸テクノロジーの水準を絶賛しています。「鎖国」体制のもと、江戸文化は決して停滞していたわけではありません。古くからの日本の知識や技術に、限られた外国からの知識や情報を加え、日本は独自の文明（科学技術）を着実に発展させ、社会を豊かにしていったのです。

江戸テクノロジーの発達は、三代将軍家光《いえみつ》の時代に確立した鎖国体制のもとで、土木技術が発達し、生産力が大きく伸びた前期（一七世紀）、八代将軍吉宗《よしむね》の享保改革によりオランダ語や蘭学《らんがく》を通じて、西洋の知識や技術が輸入され普及した中期（一八世紀）、ロシアをはじめとする西洋諸国の日本接近のもとで、オランダ語以外のさまざまな外国語が学ばれ、軍事や医学を中心に洋学が発達した後期（一九世紀）、に大別されます。

前期の生産力発展を支えたのは、農業を中心とする諸産業技術の進化でした。たとえば、開削技術の進歩により溜池や用水路などが整備され、築堤技術の発達により大河川流域や海岸部に大規模新田が造成されましたが、これらは戦国時代の築城技術や鉱山技術が転用されたものでした。

しかし、大規模開発は、森林の枯渇や洪水の発生など環境破壊を招き、農業は一六五〇年頃を境に、耕地拡大から単位面積あたりの収穫量の増大をめざす精農主義へ転換しました。第5章（56～57ページ）で述べたように、深耕用の備中鍬《びっちゅうぐわ》や脱穀用の千歯扱《せんばこき》など、さまざまな農具が発明され、農業技術や知識を普及するために、宮崎安貞《みやざきやすさだ》の『農業全書《のうぎょうぜんしょ》』など多くの農書が刊行されました。

また、鉱山技術も、採掘、排水、精錬などの技術改良が進み、第5章（53ページ）でみた幕府直轄の佐渡、石見《いわみ》、足尾《あしお》などの鉱山のほかにも、幕府の許可のもと、院内《いんない》銀山（秋田県湯沢市、久保田藩が管理）、別子《べっし》銅山（愛媛県新居浜《にいはま》市、住友家が経営）、阿仁《あに》鉱山（秋田県北秋田市、久保田藩が管理）など各地で鉱山が開かれ、江戸前期、日本は世界有数の金銀産出国になりました。林業、水産業など諸産業の発達により、江戸社会は豊かになっていったのです。

中期（一八世紀）は、八代将軍吉宗の享保改革により、幕府公認のもと、西洋の知識や技術が輸入され、普及した時期でした。吉宗は、漢訳洋書の輸入制限を緩め、青木《あおき》昆陽《こんよう》や野呂《のろ》元丈《げんじょう》（一六九三～一七六一）にオランダ語を学ばせ、西洋の知識や技術を積極的に導入しました。これらの情報は、鎖国体制のもと、オランダ語を通じて日本に紹介されたことから、当時蘭学《らんがく》とよばれました。

蘭学は、天文学、暦学、地理学、医学、博物学など実学の分野で発達しました。昆陽にオランダ語を学んだ豊前中津藩（大分県中津市）の前野《まえの》良沢《りょうたく》（一七二三～一八〇三）や、若狭小浜藩（福井県小浜市）の杉《すぎ》田玄白《たげんぱく》（一七三三～一八一七）らが、『ターヘル・アナトミア』を翻訳して、安永三年（一七七四）に『解《かい》体新書《たいしんしょ》』を刊行したのは、その象徴でした。これら蘭学発達の背景には、江戸時代の合理主義・実証主義的な見方、考え方の深まりがあったのです。

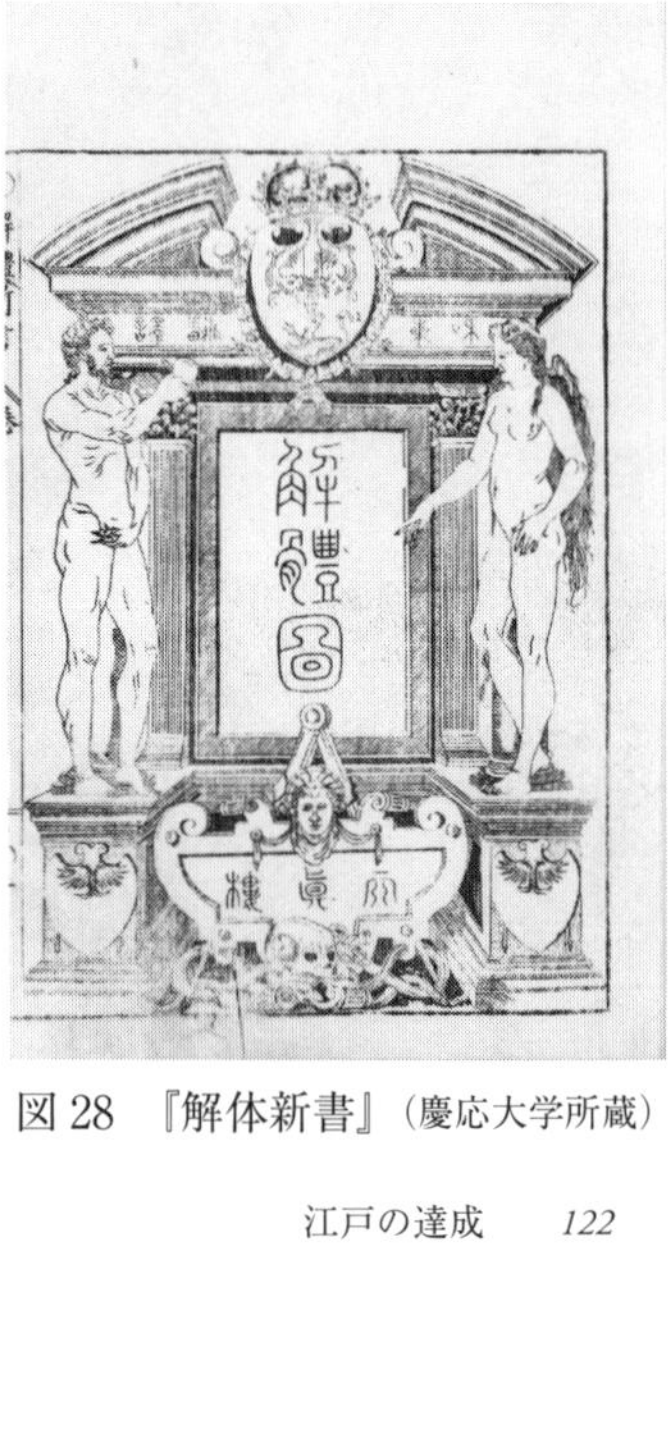

図28 『解体新書』（慶応大学所蔵）

後期（一九世紀）は、欧米列強の接近とともに、ロシア語、英語、フランス語、ドイツ語などが学ばれ、軍事や医学を中心に、蘭学はより広い概念である洋学へと発達しました。武士たちは、幕府や藩の違いをこえて、活発に国内交流をしました。幕末期には欧米に留学する者も出てきました。庶民もまた、積極的に洋学を学び、海外の情報や知識は、身分や地域をこえて普及していったのです。

一方、今日「和風」とよばれる伝統工芸や伝統文化が、江戸時代を通じて、各地で発達しました。これらは、和算、焼物、塗物、からくり、浮世絵、織物など、さまざまな分野で見られましたが、職人たちの勤勉・努力により多彩な発展をみせ、欧米人も驚くほど高度なレベルに到達しました。さらに、これら江戸テクノロジーの基礎には、国民規模での教育の広がりがあったのです。

江戸中後期の技術と学問

このうち、とくに中後期の技術と学問の発達は、顕著でした。技術の分野では、日本独自のからくり人形などがつくられました。たとえば、クジラの髭《ひげ》を利用したぜんまいと、木製の歯車を使って動く茶運び人形は、人形の手に茶碗を乗せると動き出し、客が茶碗を取るとそこで立ち止まり、茶碗を戻すと、今度は人形が反対側を向いて帰るという、巧みなものでした。

一八世紀前半に、讃岐志度《しど》（香川県さぬき市）に生まれた平賀源内《ひらがげんない》（一七二八〜七九）は、静電気を発生させるための機器であるエレキテルや、西洋技術に基づく歩数計などの機械をつくり、人々を驚かせました。また、筑後久留米《くるめ》（福岡県久留米市）の鼈甲《べっこう》細工師の長男に生まれた田中久重《たなかひさしげ》は、「からくり儀《ぎ》右衛門《えもん》」とよばれ、水車、弾力、重力、蒸気を使ったさまざまな機械をつくりました。その一つに、弓《ゆみ》曳童子《ひきどうじ》があります。この人形は、四本の矢を連続して放つ複雑な仕組みを備え、矢は的をとらえることができました。久重は、他にも消火ポンプや、日付がわかる目ざまし機能を備えた時計などをつくりました。

　学問の分野では、医学でめざましい進歩が見られました。宝暦四年（一七五四）、朝廷に仕える漢方医の山脇東洋《やまわきとうよう》（一七〇五〜六二）は、幕府の許可を得て、京都で腑《ふ》分《わ》け（解剖）に立ち会い、その成果を『蔵志《ぞうし》』にまとめました。また、明和八年（一七七一）には、江戸の小塚原《こづかばら》（荒川区）の刑場で処刑された五〇歳くらいの女性が解剖されました。この時、体に刀を入れたのは、刑場で働く九〇歳の老人でした。解剖に立ち会ったのは、若狭小浜藩の杉田玄白《げんぱく》と中川淳庵《なかがわじゅんあん》（一七三九〜八六）、豊前中津《ぶぜんなかつ》藩の前野良沢《まえのりょうたく》など、オランダ医学を学ぶ医師たちでした。彼らは、それまで漢方医学を学んでいましたが、オランダ医学と漢方医学では内容に違いが多く、疑問を持ちました。そこで、オランダ語の医学書『ターヘル・アナトミア』に書かれていた解剖図が正しいかどうかを確かめるために、死体の解剖に立ち会ったのです。結局、彼らは『ターヘル・アナトミア』の正確さに驚き、この本の翻訳を始めました。

　杉田玄白が、のちに記した回想録『蘭学事始《らんがくことはじめ》』（一八一五成立）には、この時の翻訳作業の苦労が記されています。はじめは、オランダ語のアルファベットもよくわからなかったので、「眉は目の上にはえ

図29　平賀源内（『戯作者考補遺』）

た毛である」という簡単な文章でさえ、一日かけても理解できませんでした。それでも、根気よく勉強を続けていくうちに徐々にわかるようになり、四年をかけてすべてを訳し終えました。専門的な辞書がなかった時代、オランダ語の翻訳は、困難を極める作業だったのです。杉田玄白は、人体の基本を明らかにしてこそ、病気の原因や治療法が発見できると主張しました。彼らのもとには、玄白のこうした考えに共感し、蘭学を志す人々が集まりました。

また、外科の分野でも、飛躍が見られました。紀伊（和歌山県）で祖父の代から村医者をしている家に生まれた華岡青洲《はなおかせいしゅう》（一七六〇～一八三五）は、京都に出てオランダ外科を学び、帰郷し医師として活躍しました。文化元年（一八〇四）、青洲はチョウセンアサガオやトリカブトなどを処方した麻酔薬を使い、世界ではじめて全身麻酔による乳ガンの摘出手術に成功したのです。

さらに、文政六年（一八二三）に来日したドイツ人医師のシーボルトは、長崎の郊外に鳴滝塾《なるたきじゅく》を開き、診療のかたわら、全国から集まった多くの門人たちに、医学や科学全般を教えました。シーボルトは、門人たちに手術をしてみせることもありました。鳴滝塾では、蘭学者の高野長英《たかのちょうえい》（一八〇四～五〇）や蘭方医として初めて幕府奥医師になった伊東玄朴《いとうげんぼく》（一八〇〇～七一）など優秀な人材が育っています。

幕末期になると、蘭方医の緒方洪庵《おがたこうあん》（一八一〇～六三）が、大坂で適塾《てきじゅく》を開き、門弟たちにオランダ語や医学を教えました。その一方で洪庵は、天然痘《てんねんとう》の種痘を行い、コレラの治療にもあたりました。適塾の卒業生には、長州藩（山口県）出身で明治政府に入って近代陸軍を創設した大村益次郎《おおむらますじろう》（一八二五～六九）、豊前中津藩士で江戸に慶応義塾を創立した福沢諭吉《ふくざわゆきち》（一八三四～一九〇一）、越前福井藩士で幅広い西洋学術の知見をもとに幕末政治の一翼を担った橋本左内《はしもとさない》（一八三四～五九）らがいます。

このように、江戸中後期には、西洋の医学や科学、文化が日本社会に広まり、多様な発展を見せたのです。

江戸の教育力

すでに述べたように、一八世紀半ば以降の藩政改革の政策の一つとして、藩が経営する学校（藩校）が各地で設立・整備されました。藩校の数は、幕末期には、約二七〇におよびました。

藩校は、藩の政治を担う優秀な人材を育てるため、藩士の教育を主な目的としましたが、庶民に門戸を開くものも多数ありました。藩校では、儒学や国学の他に、医学、洋学、兵学、天文学などの実用的な科目を教え、学生の年齢や習熟度によりクラスを分ける等級制を採用しました。こうして、全国の藩校で高度な教育が行われ、優秀な藩官僚たちが育っていったのです。

江戸後期には、藩校だけでなく、教育熱が地域や身分を超えて高まりました。このころ、全国各地で

図 30　水戸弘道館

図 31　寺子屋（『アンベール幕末日本図絵』）

多くの手習所（寺子屋）が開かれたことも、教育熱の高まりを示しています。江戸時代の町人や農民の多くは、夫婦と彼らの老父母、子どもの計四、五人ほどの家族で暮らしていました。彼らは、子どもが六、七歳ぐらいになると手習所に通わせました。江戸時代は、文字が必要な時代であったので、両親は子どもの教育に熱心でした。

多くの町や村には手習所があり、子どもたちは、そこで「読み書きそろばん」（読むこと、書くこと、計算すること）を習いました。これらの技能は、子どもたちが生活していくために、また商家などへ奉公に出るためにも必要だったのです。武家への奉公を希望する女子は、これらの他に、琴、三味線、踊りなども教養として身につけました。

手習所の教育よりも高等な学問を身につけたい人々は、さらに個人が経営する学問所である私塾に通いました。宝暦八年（一七五八）に、国学者の本居宣長《もとおりのりなが》（一七三〇〜一八〇一）が伊勢松坂（三重県松阪市）で開いた私塾の鈴屋《すずのや》は、彼が鈴が好きだったことに因む塾名ですが、鈴屋では『万葉集』や『源氏物語』などを講義し、四八八人の門弟を指導しました。

一方、藩校を修了した武士の子どもたちのなかにも、私塾に進学する人もいました。一九世紀の文化文政期ごろになると、私塾はいっそう盛んになり、漢学、蘭学、国学、数学、武術など、専門の学問を教える個性豊かな私塾が各地に見られるようになりました。有名な学者が開き、遠方から多くの生徒が入門する塾もありました。

豊後日田《ひた》（大分県日田市）の商家に生まれた広瀬淡窓《ひろせたんそう》（一七八二〜一八五六）は、文化一四年（一八一七）に私塾咸宜園《かんぎえん》を開きました。ここでは、年齢や地域、身分の差にかかわらず、だれでも学ぶことができました。貧しい人も、本を手書きで写す写本の仕事をしたり、商家で働きながら勉学を続けることができました。日田の商人たちが、勉学の費用を援助する奨学金制度もありました。こうした独自の方法が評判となり、各地から生徒が集まりました。

江戸後期、全国各地に手習所や私塾が広がることにより、身分や地域を超えて国民文化が形成されていったのです。

文化八年（一八一一）、ロシア海軍少佐ゴローニンは国後《くなしり》島《とう》測量中に幕府役人に捕えられ、回船業者でロシアの捕虜となった高田屋嘉兵衛《たかだやかへえ》（一七六九〜一八二七）と、文化一〇年（一八一三）に交換・釈放されました。ゴローニンは、手記『日本幽囚記《にほんゆうしゅうき》』において、日本の国民教育が世界的レベルにあること、日本国民がヨーロッパの下層民よりも理解力に勝っていることを述べています。

文政三年（一八二〇）から同一二年まで、長崎出島のオランダ商館員として勤務し、この間同五年に商館長ブロンホフの江戸参府に随行したオランダ人のファン・オーフルメール・フィッセルは、日本での見聞や体験をもとに、『日本風俗備考《にほんふうぞくびこう》』を著し、そのなかで「私には日本人ほど好んでペンや筆を賑う国民があるとは信じられない。彼らはあらゆることを文書にして取扱う。また一般にきわめて広い範囲にわたって手紙のやりとりを続けているので、婦人ばかりか男子も、このために時間の大半を費やしている有様である」と、男女とも文字を書くことに慣れ親しんでいることを評価しています。

図32　広瀬淡窓（個人蔵）

また、安政五年（一八五八）に日英修好通商条約のために来日し、文久元年（一八六一）に在日イギリス公使館書記官に任命されたローレンス・オリファントは、著書『エルギン卿遣日使節録』の中で、日本の教育について、次のように述べています。すなわち、日本の子どもたちは男女を問わず、すべての階層を通じて必ず初等学校に送られ、そこで読み書きを学び、自国の歴史に関するいくらかの知識を教えられる。日本の国民教育は、イギリスよりも普及しており進歩している。日本人は確かに書物を読む国民であり、女性は、その心情の発達において男性に劣らない。彼らはまた、まるで郵便制の楽しみにふけっているかのように、たがいに短い手紙を書くことが好きである。手紙を王国（日本）の端から端まで運ぶ組織は、きわめて完全なものがある。さらに、日本人はすべて小さな携帯用のインク・スタンド（矢立《やたて》）をひもで胸に下げている。それはきれいに漆《うるし》で塗られ、中に筆を一本収め、またインクが洩れないように入れた小さな部分がある。懐《ふところ》にはたくさんの紙がある。一枚ずつになっていることもあるし、閉じてノートの形になっていることもある。ヨーロッパのノート・ブックは、いつも羨望と好奇の的であり、インド・ゴムのバンドの効用も同様であった。と、オリファントは老若男女や貧富の差のない文字、手紙、文具への関心に驚いています。

嘉永元年（一八四八）に日本を訪れたアメリカ人のラナルド・マクドナルドは、「日本人のすべての人――最上層から最下層まであらゆる階級の男、女、子供――は、紙と筆と墨を携帯しているか、肌身離さずもっている。すべての人が読み書きの教育を受けている。また、下級階級の人びとさえも書く習慣があり、手紙による意思伝達は、わが国におけるよりも広くおこなわれている」（『マクドナルド「日本回想記」』）と、日本の国民的規模での教育の普及と、アメリカを上回る文筆や文書の普及を記録しています。

これら来日外国人たちは、日本人の「教育力」と「教育熱」の高さに驚き、これを高く評価しています。

以上のように、江戸時代は長い「平和」のもとで、独自の文明（科学技術・江戸テクノロジー）が国民の間に浸透した時代でした。冒頭のシュリーマンは、その最後の姿を見たわけです。江戸時代を通じて、日本社会は確実に近代化・文明化の道をたどってきたのです。明治維新後の日本の近代化は、決して江戸の科学技術を否定し、捨て去るものではありませんでした。今日、世界が注目する日本型経営や日本型システム、中小企業の精密技術や職人気質などは、むしろ江戸の社会システム、科学技術、規範・精神《エートス》などを基盤に発達したものでした。

⑪ 新選組
―ラスト・サムライかファースト・ミリタリーか―

新選組の近代性

ここに近藤勇《こんどういさみ》（一八三四～六八）と土方歳三《ひじかたとしぞう》（一八三五～六九）の二人の写真があります。近藤は羽織袴《はおりはかま》を着け、刀掛けを後ろに畳に座っています。一方、土方はマフラーを着け、洋装で椅子に腰掛けています。多摩の農民から浪士、会津藩預り、幕臣、徳川家家臣と変遷した近藤と土方のうち、新しい国家・社会をより身近に考える機会を得たのは、一年ほど長生きし、新政府軍に対抗する奥羽越列藩同盟《おううえつれっぱんどうめい》を間

図33　近藤勇（竜源寺所蔵）

図34　土方歳三（竜源寺所蔵）

近で見、箱館《はこだて》政府に加わった土方だったと思います。偶然に残された二人の写真ですが、彼の洋装を見ていると、そのように思えてきます。

幕末・維新の動乱期は、二〇代、三〇代の若者たちを、新国家の構想・建設にかかわらせた「政治の季節」でした。和装と洋装の二枚の写真は、この季節を駆け抜けた若者たちの姿でもあります。

さて、新選組に関する従来のイメージは、「武士のなかの武士」「ラスト・サムライ」というようなものでした。たとえば、かつて司馬遼太郎《しばりょうたろう》は、「ほどなく近藤は流山で刑死し、土方はその後五稜郭《ごりょうかく》に立てこもって戦死している。両人ともその最期はみごとだった。武士にあこがれたかれらは、事実、日本最後の武士として、武士らしく死んだ。男として、やはり幸福な生涯だったといえる」(「明治維新の再評価・新選組新論」『中央公論』昭和三七年四月号)と、新選組を「日本最後の武士」として讃えました。

しかし、近藤や土方ら自身の主観は別として、客観的には新選組はかなりの合理性・近代性を備えた組織でした。以下、この点を新選組の組織化・官僚化、洋式軍備化、西洋医学の採用の三点から見ていきます。

第一は、新選組の組織化・官僚化です。まず、隊士の出身地を概観します。

表1は、新選組隊士の出身地で、現在判明している分ですが、東北から九州までほぼ全国にわたっています。藩を単位に、ほぼ地域別の軍団編成となっている江戸時代において、全国からの志願兵によって構成される新選組は、特異な存在といえます。

表2は、隊士の出身階層をまとめたものです。これも、隊士の判明する出身身分の一覧ですが、武士、農民その他さまざまな階層に及んでいます。江戸時代、兵士になるのは原則武士に限られていましたが、

表１　新選組隊士の出身地

地域	出身地	隊　士　名
東北	陸奥白河	沖田総司
	陸奥仙台	山南敬助
	陸奥南部	吉村貫一郎
	陸奥津軽	毛内有之助
	陸奥	茨木司、荒井忠雄
	出羽	阿部十郎
関東	武蔵多摩	近藤勇、土方歳三、井上源三郎、横倉甚五郎
	川越	内海次郎、中西登
	江戸	永倉新八、斎藤一、藤堂平助
	武蔵	清水五一、中島登、林信太郎(大坂とも)、安富才輔(肥前熊本とも)
	常陸	芹沢鴨、新見錦、平間重助、野口健司、伊東甲子太郎、鈴木三樹三郎
	上総	安藤勇次郎、池田七三郎
中部	美濃大垣	島田魁、市村鉄之助、野村利三郎
	伊豆	加納道之助
	尾張名古屋	佐野七五三之助
	信濃	三浦啓之助
	加賀	山野八十八
近畿	山城	川島勝司
	丹後	岸嶋芳太郎
	大坂	山崎烝、久米部正親
	摂津	酒井兵庫
	和泉	尾関雅次郎
	近江	近藤芳祐
	播磨姫路	平山五郎
	播磨小野	松原忠司（大坂とも）
	播磨	河合耆三郎、服部武雄
中国	長門	佐伯又三郎（江戸とも）
	出雲	武田観柳斎
	備中	谷三十郎、谷万太郎、谷昌武
	備前	浅野薫
	対馬	阿比留鋭三郎
四国	伊予松山	原田左之助
	讃岐高松	蟻通勘吾
	阿波徳島	馬越三郎
九州	肥後熊本	尾形俊太郎
	肥後	村上清
	筑前	立川主税
	筑後	篠原泰之進
	肥前唐津	大野右仲
	薩摩	富山弥兵衛

新選組は地域や身分を超えた志願制を採用していたのです。

　新選組は、浪士組の同志的組織から官僚的組織へと変化していきました。職階（表3）と関連して、新選組の俸給は月ごとの現金支給でした。文久三年（一八六三）九月から一二月頃、局長が金五〇両、副長が四〇両、助勤三〇両、平隊士一〇両、また、文久三年一〇月四日から八日頃は、隊士一人に月三両の記載も見られます。俸給制度は、江戸時代の武士に広く見られた世襲の家禄制ではなく、また家ではなく個人に対する点で、特異なものでした。

　一方、報奨金もありました。たとえば、元治元年（一八六四）の池田屋事件のさいに、会津藩からは金五〇〇両と刀など、幕府からは近藤に金一〇両、別段金二〇両が与えられ、出動隊士には報奨金が与えられています（『会津藩庁記録』）。これらは、いずれも論功報償・慰労の意味の臨時支給金であり、実力主義・業績主義を示すものでした。新選組は短期間のうちに職制を整備し、月単位の俸給制、さらに報奨金制度を採用するに至ったのです。

　新選組はまた、厳しい法度《はっと》を制定し、組織の秩序を保ち

表2　新選組隊士の出身階層

武　士	荒井忠雄（陸奥磐城平藩士二男）、伊藤甲子太郎（常陸志筑藩士子）、茨木司（陸奥中村藩士）、大野右仲（肥前唐津藩士）、沖田総司（陸奥白河藩士）、谷三十郎・万太郎・昌武（備中松山藩士子）、藤堂平助（伊勢藩主落胤か）、永倉新八（松前藩士）、原田左之助（松山藩士子）、三浦啓之助（信濃松代藩士佐久間象山子）、山野八十八（加賀大聖寺藩士）
浪　人	新見錦（水戸）、野口健司（水戸）、平間重助（水戸）、平山五郎（姫路）、毛内有之助（弘前藩脱藩）、山南敬助（剣術師範二男）、芹沢鴨
農　民	近藤勇、土方歳三
商　人	池田七三郎（上総）
職　人	篠原泰之進（筑後石工長男）
町　人	立川主税（筑前）
医　師	浅野薫、武田観柳斎、山崎烝（大坂鍼医子）

ました。新選組の法度が明文化されたものは、いまだ発見されていませんが、元治元年五月頃、阿部《あべ》十郎《じゅうろう》ら多くの脱走者が出たさい、脱走者は、見つけ次第討ち果たすという定が存在していたことがうかがわれます。

慶応元年（一八六五）五月下旬頃には、新選組の組織改編と併せて、法度を制定したといわれます。永倉《ながくら》新八《しんぱち》によれば、以下の通りです。地域も身分も異なる烏合《うごう》の衆をまとめるには法度が必要であり、第1条は士道に背くこと、第2条は隊を脱走すること、第3条は勝手に金策すること、第4条は勝手に訴訟を扱うことを、それぞれ禁止し、これに背いた時は、切腹させるというものでした。新選組が、法度を通じて、恣意的ではなく客観的な組織運営をめざしていたことが、うかがえます。

新選組は、公文書を作成しています。現在、慶応三年（一八六七）一一月一四日から翌年三月一日までの「金銀出入帳」（『新選組史料集』）が残されています。こ

表3　新選組の職階

文久3年（1863）6月

局長（芹沢鴨、近藤勇）、副長（新見錦、山南敬助、土方歳三）、副長助勤（13名）、諸士調役兼監察（3名）、勘定方（1名）、平隊士（約30名）

元治元年（1864）12月

局長（近藤勇）、副長（土方歳三）、組頭（一番沖田総司、二番伊東甲子太郎、三番井上源三郎、四番斎藤一、五番尾形俊太郎、六番武田観柳斎、七番松原忠司、八番谷三十郎）、小荷駄雑具方（原田左之助）、諸士調役兼監察、勘定方、書記、取締役など（8名）、平隊士（約40名）

慶応元年（1865）6月

局長（近藤勇）、副長（土方歳三）、参謀（伊東甲子太郎）、組頭（一番沖田総司、二番永倉新八、三番斎藤一、四番松原忠司、五番武田観柳斎、六番井上源三郎、七番谷三十郎、八番藤堂平助、九番鈴木三樹三郎、十番原田左之助）、諸士調役兼監察（7名）、勘定方（1名）、小荷駄、書記、取締役など、撃剣（沖田ら7名）、柔術（篠原ら3名）、文学（伊東ら5名）、砲術（2名）、馬術（1名）、槍術（1名）、伍長（20名）、平隊士（100名）

のような史料は、多年にわたり、新選組の勘定方《かんじょうがた》が作成したと考えられます。全体は三部に分かれ、「始メ」の部分は勘定方内部の金銭のやりとり、「手宛《てあて》入用出口」の部分は支出、「金請取《うけとり》口」の部分は収入です（表4）。これらにより公費の出納がわかるわけです。新選組は、会計帳簿（公文書）を作る組織でもあったのです。

また、土方歳三が多摩の佐藤《さとう》彦五郎家に「日記」を渡したとする記録もあります。現物は不明ですが公文書の可能性もあります。

表4　新選組勘定方の支出と収入

手宛入用出口			
1	（十一月）十七日	一同拾両也	山田一郎　刀拵代渡
2	（十一月）十九日	一同拾七両也	七条一件被下候事
3	（十二月）二日	一同壱両弐分弐朱	土方剣術古手一ツ
4	十二月十日	一金六両也	着込入用吉村渡ス
5	（十二月）	一同三百四拾四両三分	一同手宛相渡ス
6	（十二月）	一同三千両	山中組（合）十家江返済
7	（正月）十五日	一同百両也	横浜病人手宛島田江預ケ置候
8	（二月）	一同百両也	松本良順石料
金請取口			
1	（十一月）十九日	一同弐拾両也	会より四人葬敷手宛受取
2	十二月八日	一同四千両	大坂山中組合十家より
3	（十二月）十三日	一同弐千両	小堀数馬受取
4	（十二月）十三日	一同四十二両	宮川江紀州より
5	（十二月）廿日	一同弐十両	会より先生見舞
6	正月七日	一同五百両	大坂城請取
7	（正月七日）	一同四千弐百両	同（大坂城）賄方分請取
8	江戸ニて	一同弐千両	会より請取

さらに、「新選組」の公印があったことも見逃せません。現在、近藤が作成した、多摩の中島治郎兵衛《なかじまじろべえ》宛と、小島鹿之助《こじましかのすけ》宛の公印のある包紙二点が残っています。新選組は公印を用いる組織であり、かなりの合理性・近代性をもっていたことがうかがえます。

しかし、新選組の組織化・官僚化は、江戸の試衛場《しえいじょう》（試衛館とも）時代から同志として活動していた隊士たちの反発を招くことになりました。文久三年（一八六三）四月の井上松五郎《いのうえまつごろう》の書簡によれば、古くからの同志である土方歳三、沖田総司《おきたそうじ》、井上源三郎《げんざぶろう》が松五郎に対して、近藤が「天狗」になったと訴えています。元治元年（一八六四）八月下旬頃には、近藤が隊士たちを家臣（部下）のように見ていることを批判し、これも試衛場以来の同志である永倉新八と原田左之助《はらださのすけ》が、京都で新選組に参加した斎藤一《さいとうはじめ》、尾関政一郎《おぜきせいいちろう》、島田魁《しまださきがけ》、葛山武八郎《かづらやまたけはちろう》らと謀って、会津藩に訴え出ました。近藤が隊士を家来（部下）として統制しようとすることへの反発がうかがえます。

慶応三年（一八六七）六月には、新選組が幕臣化するさいに、隊士の茨木司《いばらきつかさ》らが、会津藩に対して、二君に仕えることはできないと訴え、幕臣化に抵抗し切腹しました。さらに、甲州勝沼戦争（山梨県甲州市）敗北後の慶応四年（一八六八）三月一〇日朝、新たに党派を作り再生しようと提案した永倉らに対して、近藤は怒って断り、自分の家来になるならば今後行動をともにすると述べました。そこで永倉らも腹を立て、挨拶してその場を去り、新選組は「瓦解《がかい》」したと、永倉は記しています。ここでも、近藤が隊士一同を家来＝部下として統制しようとしていたことが批判されています。

試衛場以来の同志たちは、近藤の組織化・官僚化の方向を歓迎していたわけではありませんでした。新選組のうちつづく内紛の要因の一つに、これがあったのです。

洋式軍備化

第二は、洋式軍備化です。新選組は、「ラスト・サムライ」のイメージとは別に、着実に洋式軍備化を進めていました。たとえば、元治元年（一八六四）一〇月九日、土方歳三は留守中の京都のようすを江戸出張中の近藤らへの書簡で、毎日西洋砲術の調練を行い、最近は上達し、これならば、長州藩との戦争で先陣を務められると自慢しています。

また、慶応元年（一八六五）九月に作成された長州戦争に向けての「行軍録」では、「大銃隊」「大銃頭谷三十郎、藤堂平助」「小銃隊」「小銃頭沖田総司、永倉新八」の記述が見られ、行軍中の注意には「行軍中火縄長器ニ心ヲ附」と、火縄や鉄砲について気をつけることも指示しています。さらに、永倉新八著『浪士文久報国記事』の慶応二年（一八六六）三月中旬の頃には、新選組が新たに屯所とした西本願寺（京都市下京区）の境内で、ちょうど門主（住職）が出て来たときに大砲を撃ったので、門主が驚いてひっくり返った話を載せています。翌年の九月後半頃には、京都において新選組が操銃調練や部隊調練を行い、土方もまた、これらに強い関心を持っていたことが記されています。

その他、明治初期の作品ですが、『伏見鳥羽戦争図』のうちの慶応三年（一八六七）一二月の新選組二条城入城の図は、隊士がみな鉄砲を持っており、翌年正月四日の伏見奉行所撤退の図（下図）でも、みな鉄砲を持っています。新選組が鉄砲隊であったことがわかります。

さらに、『浪士文久報国記事』には、慶応四年（一八六八）正月、鳥羽伏見の戦いの伏見奉行所の戦闘において、砲撃戦では決着がつかな

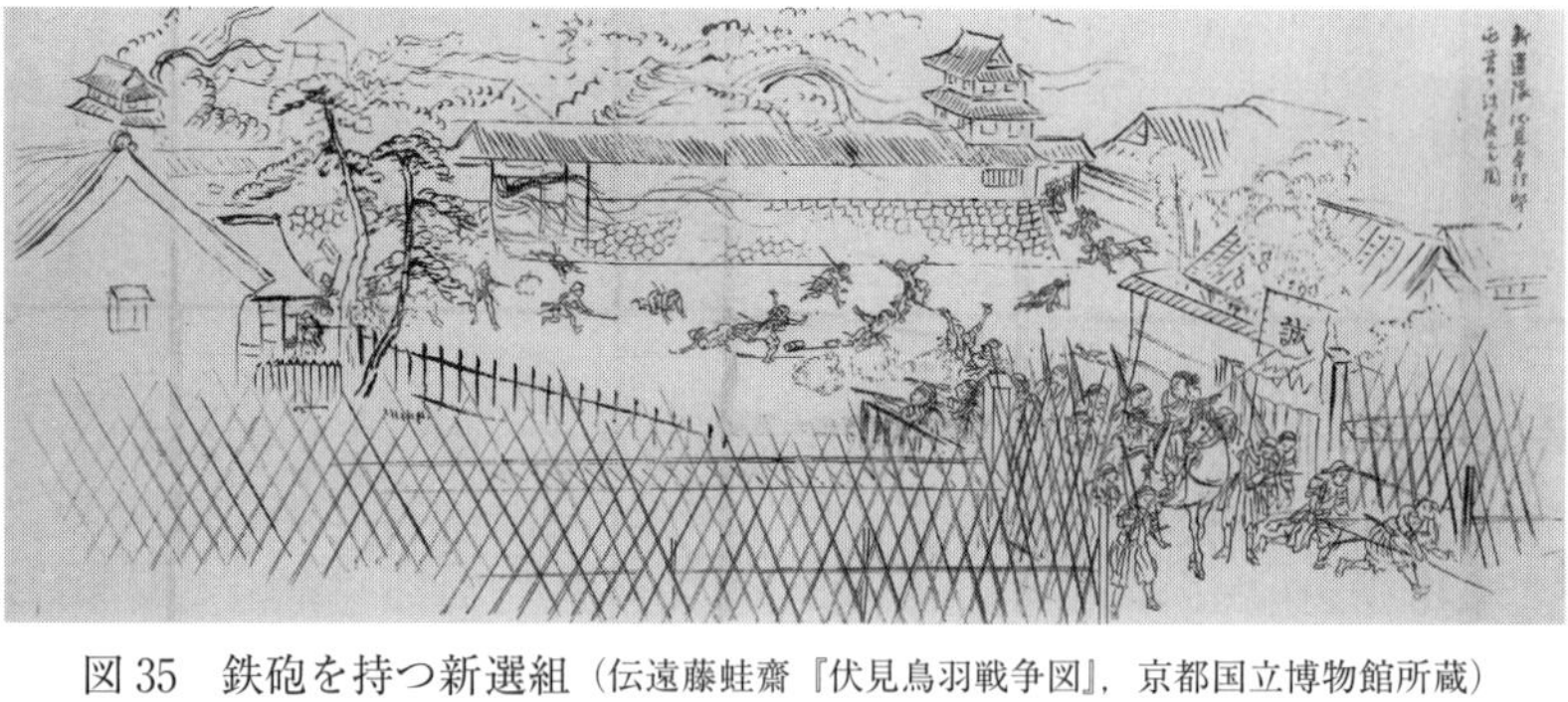

図35　鉄砲を持つ新選組（伝遠藤蛙齋『伏見鳥羽戦争図』，京都国立博物館所蔵）

かったため、土方が斬り込みを命じ、薩長軍が伏見奉行所（京都市伏見区）を見下ろす御香宮《ごこうのみや》（同区）から大砲を撃ちかけ砲撃戦となったこと、奉行所から外に出た永倉が窮地に陥ったとき、奉行所の塀の上から島田魁が、これにつかまれと鉄砲を下ろしたこと、戦争の最終段階で、会津藩と新選組が、皆鉄砲を捨てて斬り込んだことなどが記されています。

土方歳三は、鳥羽・伏見の戦いの経験から、江戸において、これからの戦争は大砲・鉄砲の時代であり、剣や刀は役に立たないと述べたと伝えられています。転換期にふさわしい言葉ですが、実はこれまで見てきたように、新選組はこれより早く、すでに京都時代において、洋式軍備化を進めていたのです。江戸に帰還した後の新選組についても、たとえば、慶応四年三月の勝沼《かつぬま》戦争（山梨県甲州市）のさいに、甲斐国東八代《ひがしやつしろ》郡新居村（山梨県笛吹市）出身の結城無二三《ゆうきむにぞう》が、新選組の大砲方を務めていたことが確認されます。また、先の「金銀出入帳」では、「（慶応四年二月）三日、一同百両也、元詰鉄砲五丁、廿四日、一同六両弐分、万てる壱ツ、廿九日、一同拾三両弐分、中村屋佐兵衛づほん」と、新選組が江戸で、新式の元込め鉄砲やマント、ズボンを購入しており、洋装化していたことが知られます。

新選組と西洋医学

次に、第三の西洋医学の導入について見ます。元治元年（一八六四）、近藤は江戸出張中に西洋医学を学んだ幕府奥医師の松本良順《りょうじゅん》（一八三二～一九〇七）と会っています。松本は、安政四年（一八五七）長崎に留学してポンペから西洋医学を学び、文久二年（一八六二）に将軍家茂《いえもち》の侍医《じい》となり、翌三年には西洋医学所頭取《とうどり》になった人物です。

松本の回顧談によれば、近藤は、今日の大問題は対外関係であるが、あなたはオランダ人と親しく、外国事情に通じ、洋学を教授しているのは本当かと尋ねた。それに対して松本は、その通り、近頃牢人がみだりに外国人を殺すのは愚かなことであり、西洋人は利益で動くので日本人にとっては与し易いが、侮ってはいけない、孫子《そんし》が言うように戦の仕方は相手を知り自分を知ることである、外国は天文、地理、化学などが発達し、軍艦や大砲など強力な陸海軍が整備されている、虚心に天下を眺め、思慮するようにと忠告し、地図や器械図などを示して説明したといいます。これに近藤は大いに喜び、今日のあなたの説明により、自分の長年の疑念は氷解したと述べたと記しています（『蘭疇自伝』）。

その後松本は、慶応元年（一八六五）閏五月末頃近藤に招かれ、新選組の屯所を訪れます。屯所内を見学すると、病気の原因は不衛生であったためとわかり、松本は西洋医学の導入と生活改善を提案しました。環境の良い部屋に病人を並べて寝かせ、毎日医師が回診して処方箋を作り調薬を命じる。看護者を置いて起臥飲食を担当させる。そうすれば、一人の医者で多くの患者を治療できると説明しました。また、浴場を設置し衛生的にする。これらのために、病院の図を描き、患者に対する方法を教え、「西洋病院の概略」を説明しました。この間、四〜六時間ほどでしたが、土方が来て、先生の指示通り病室を作りました。なお不備があれば指示してほしいというので、見に行くと、すでに病人を集会場に移し、浴桶を三つ用意し、浴場を整備していました。あまりの手際の良さに驚くと、土方は「兵は拙速を貴ぶとはこのことなるべし」と述べて、笑ったといいます。

その後、松本は帳簿（カルテ）を作成し、薬局で調合させ毎朝回診《かんぽう》しました。松本自身も一週二回往診し、ほどなく患者の大半が回復しています。病の多くは感冒で、骨折・疼痛《とうつう》も多く、食傷がこれに次ぎ、難病は心臓病と肺結核の二人で、他の病人七〇余名は一か月もしないうちに皆全治し、大喜びしたといいます。さらに松本は、厨房《ちゆうぼう》が不潔で、残飯や腐った魚などが、いくつもの樽に溢れているのを見て、近藤に、豚を四、五頭飼い、これらの廃物を食べさせ、豚が十分に肥えたならば隊士たちに食べさせれば、体力をつけるのに十分である。また、残飯は洗って乾燥させ鶏の餌にし、その卵を食べればよいと指導しました。次に回診したときには、さっそく豚数頭を飼い、時々これを食べるようにしており、隊士たちは、これは先生の贈物と喜んだと、述べています。その他、松本は隊士の山崎烝《やまざきすすむ》に刀傷の縫合《ほうごう》など西洋医学の技術を教えています。山崎は医者の家の出で、隊には大きな利益になりました。山崎は笑いながら、自分は新選組の医師である、と言ったと記しています（『蘭疇《らんちゆう》自伝《じでん》』）。

幕府の動向＝「幕末期三大改革」

これまで見てきたことからも明らかなように、新選組は決して守旧的な思想・組織の「ラスト・サムライ」ではありませんでした。むしろ、西洋の知識や技術を積極的に導入した合理的・近代的な「ファースト・ミリタリー」（最初の軍隊）ともいうべき組織でした。

こうした性格は、当時の幕政の動向とも一致します。当時、内外の緊張の高まりの中で、幕府は西洋化・近代化に向けて、「幕末期三大改革」といわれる三度の幕政改革を展開していたのです。

第一の改革は、嘉永六年（一八五三）のペリー来航に端を発した安政改革です。これは老中の阿部正《あべまさ》弘《ひろ》を中心に、推進されました。阿部は江戸湾の品川台場（江東・港・品川区）の築造を命じ、大船建造禁令を解除するなど海防強化を図り、旗本・御家人に剣・鑓《やり》・砲術などを講習する講武場《こうぶじよう》を設置し、安政三年（一八五六）には築地鉄砲洲《つきじてっぽうず》（中央区）に講武所《こうぶしょ》を竣工し、同六年に神田小川町《おがわまち》（千代田区）に移転しました。講武所の科目の中には西洋砲術もあり、教授には高島秋帆《たかしましゅうはん》（一七九八〜一八六六）や勝海舟《かつかいしゅう》（一八二三〜九九）などがいました。安政二年（一八五五）には、長崎出島の近くに幕府の海軍伝習所《でんしゅうじょ》が設立され、オランダのペルス・ライケン海軍中尉ら二二名の教官による伝習が開始されました。安政六年二月に閉鎖するまで、伝習生として幕臣や藩士ら計二〇四名が参加し、勝海舟、榎本武揚《えのもとたけあき》（一八三六〜一九〇八）、ペリーに応接した中島三郎助《さぶろうすけ》、薩摩藩の五代友厚《ごだいともあつ》（一八三五〜八五）、佐賀藩の佐野常民《さのつねたみ》（一八二二〜一九〇二）ら諸藩の藩士たちも参加しました。

安政四年には、蕃書調所《ばんしょしらべしょ》が神田小川町に開校しました。これは、安政二年に洋書や外交書翻訳の効率化をはかり、幕府天文方《てんもんかた》から独立して九段（東京都千代田区）に設立されていた洋学所を改称したものです。開校に向けて幕臣の勝海舟や川路聖謨《かわじとしあきら》（一八〇一〜六八）らが尽力し、教授手伝には長州の村田蔵《むらたぞう》六《ろく》（大村益次郎《おおむらますじろう》、一八二五〜六九）や薩摩の松木弘安《まつきこうあん》（寺島宗則《てらしまむねのり》、一八三二〜九三）らがいました。このように幕府は、いち早く西洋軍備化に取り組み、薩長を含む諸藩にも影響を与えていったのです。

文久二年（一八六二）六月、朝廷は島津久光《しまづひさみつ》（一八一七〜八七）を随行させ、勅使大原重徳《おおはらしげとみ》（一八〇一〜七九）を江戸に派遣し、将軍上洛と幕政改革を迫りました。朝廷のねらいの一つに、将軍継嗣問題で井伊《いい》直弼《なおすけ》と対立し、蟄居を命じられている徳川慶喜《とくがわよしのぶ》（一八三七〜一九一三）と松平慶永《まつだいらよしなが》（一八二八〜九〇）の復権がありました。幕府は、当初難色を示していましたが、ついに慶喜を将軍後見職《こうけんしょく》に、慶永を政事総裁《せいじそうさい》職《しょく》に就任させました。朝廷の命を受けて幕府人事が行われたのは初めてのことでした。

同年幕府は、尊攘派が優勢な京都の治安回復を名目に、京都守護職《しゅごしょく》を設置しました。京都守護職は、京都の朝廷、公家、寺社を管轄していた京都所司代《しょしだい》や、大坂城代《じょうだい》、近国大名などに対して指揮権を持つ非常職で、会津藩内の反対を押し切って松平容保《かたもり》（一八三五～九三）が、藩兵一〇〇〇名余を率いて就任しました。文久三年二月の近藤勇らの浪士組結成は、この流れの中にあったのです。

幕末第二の幕政改革＝文久改革は、慶喜・慶永らが主導しました。文久二年閏八月には、参勤交代を隔年から三年ごとに改め、大名妻子の帰国を許しました。翌年、勝海舟の構想により、神戸の海軍操練所《そうれんじょ》（兵庫県神戸市中央区）が建設されます。ここでも幕臣のほか、薩摩、土佐その他諸藩士が多く集まり、西洋の知識と技術を学びました。また幕府は、直属の歩兵・騎兵・砲兵の三兵を創出し、オランダ式装備の導入をはかり、アメリカやオランダに艦船を発注し、オランダに留学生を派遣するなど、欧米の知識や技術の摂取に努めたのです。

第三の幕政改革＝慶応改革は、慶喜をはじめ、小栗忠順《おぐりただまさ》（一八二七～六八）や栗本鯤《くりもとこん》（一八二二～九七）など親仏派幕府官僚により進められました。慶喜はフランス語を学び、フランス料理を好む親仏派とされますが、文久三年の八・一八政変ののち上京して以後、慶応二年（一八六六）一二月に将軍となり、翌三年一〇月に大政奉還を行い、将軍職を退いたのち、明治元年（一八六八）正月の鳥羽伏見の戦いに敗れ、江戸に戻るまで、ずっと江戸不在でした。

慶応元年（一八六五）、幕府はフランスから二四〇万ドルの借款《しゃっかん》を得て、横須賀《よこすか》製鉄所（神奈川県横須賀市）を起工しました。フランス公使ロッシュの対幕府接近政策を背景とするものでしたが、ここに造船所や修船所なども建設し、強大な幕府海軍の拠点としました。製鉄所の所長はフランス人海軍技師ヴェルニーで、五二名のフランス人がこれに協力しました。

慶応二年には、フランス政府が派遣した軍事顧問団が来日しました。使節団は、シャルル・シュルピス・シャノワンヌ大尉を団長とし、歩兵、砲兵、騎兵の士官・下士官計一五名により構成されていました。彼らは、幕府の歩兵、砲兵、騎兵を指導しましたが、主として訓練を受けたのは、旗本や御家人たちではなく、彼らが納めた軍役金で雇った傭兵《ようへい》たちでした。ロッシュをはじめ、フランス海軍極東艦隊司令官オイエ提督、シャノワンヌらは、幕臣の松平太郎《たろう》（一八三九〜一九〇九）、大鳥圭介《おおとりけいすけ》（一八三三〜一九一一）、榎本武揚らと結び、対薩長交戦派を形成しました。戊辰《ぼしん》戦争後半の明治二年（一八六九）三月に旧幕府軍と新政府軍の間で戦われた宮古湾《みやこわん》海戦（岩手宮古市）で、旧幕府軍の海軍奉行（提督）の荒井郁之助《あらいいくのすけ》と幕府軍艦回天《かいてん》の艦長甲賀源吾《こうがげんご》は、フランス語で「アボルダーシェ（飛び込め）」と叫んでいます（大野右仲《おおのうちゆう》「函館戦記」）。幕府のフランス式訓練はかなり徹底したものでした。

さらに、慶応三年（一八六七）当時の幕閣は、ロッシュの進言にもとづき、首相格の老中板倉勝静《いたくらかつきよ》のもとで、小笠原長行《おがさわらながみち》が外国事務総裁（外務大臣）、稲葉正邦《いなばまさくに》が国内事務総裁（内務大臣）、松平康英《やすひで》が会計総裁（財務大臣）、松平乗謨《のりたか》（大給恒《おぎゅうゆずる》）が陸軍総裁（陸軍大臣）、稲葉正巳《まさみ》が海軍総裁（海軍大臣）と、分担責任制が採用されました。これは、明治以降の内閣制の先駆的形態ともいわれます。

以上のように、幕府は幕末の最終段階まで改革を展開していたのです。このことは、従来いわれてきた「薩長＝開明的＝近代化成功」、「幕府＝保守的＝近代化失敗」と、対比的に捉える「西高東低」の従来の幕末維新観とは異なるものです。本書ではこれまで、江戸と東京の首都機能、幕府官僚と維新官僚など、江戸時代と明治時代の連続性を指摘してきました。新選組も、こうした動きの中に、改めて位置づける必要があります。すなわち、新選組もまた、着実に官僚化・近代化の道を歩んでいたのであり、決して「武士の中の武士」「ラスト・サムライ」として、時代に取り残されたわけではなかったのです。

⑫ 篤姫と和宮
——大奥の「内政」と「外交」——

篤姫の婚礼

慶応四年（一八六八年。九月八日より明治元年となる）四月一一日の江戸城開城の前後、篤姫《あつひめ》（一三代家定《いえさだ》夫人、家定死後は天璋院《てんしょういん》、一八三五～八三）と和宮《かずのみや》（一四代家茂《いえもち》夫人、家茂死後は静寛院宮《せいかんいんのみや》、一八四六～七七）を中心とする江戸城大奥《おおおく》は、戦争回避と徳川《とくがわ》家存続のために「内政」（徳川家中への指示）と「外交」（新政府軍への嘆願）を展開しました。本章では、幕末期のハイライトである江戸城開城期の大奥の「内政」と「外交」について取り上げます。

篤姫と一二代将軍家慶《いえよし》の世子家祥《いえさち》（のち家定、一八二四～五八）との縁組は、幕府老中の阿部伊勢守正弘《あべいせのかみまさひろ》（一八一九～五七）が、一橋《ひとつばし》派の大名たちと連携し、推進しました。しかし、嘉永六年（一八五三）六月三日にペリーが浦賀沖（神奈川県）に来航し、七月二二日に将軍家慶が六一歳で没すると、縁組の準備は一時中断しました。その後準備が再開され、一一月二三日家祥は将軍となり家定と改名しました。その三年後の安政三年（一八五六）、篤姫は将軍家定に嫁ぐことになります。篤姫二二歳、家定三三歳でした。その当時、家定は虚弱で跡継ぎがのぞめなかったため、幕府では次期将軍をめぐって二派が対立していました。一方は、家定の従兄弟で御三家紀州藩主の徳川慶福《よしとみ》（一一歳、のち家茂）を推す譜代大名、大奥、将軍側近らの紀州派であり、その中心は彦根藩主の井伊直弼《いいなおすけ》でした。他方は、英明の声が高い御三卿一橋家の慶喜《よしのぶ》（二〇歳、徳川斉昭《なりあき》の実子、のち一五代将軍）を推す越前福井藩主松平慶永《よしなが》（春嶽《しゅんがく》）、薩摩藩主島津斉彬《なりあきら》（篤姫の養父）、伊予宇和島藩主伊達宗城《だてむねなり》ら家門・外様らの一橋派で、老中阿部や川路聖謨《かわじとしあきら》、岩瀬忠《いわせただ》震《なり》（一八一八〜六一）など開明派幕臣もこれに加わりました。一橋派は譜代中心の幕政運営を改め、自らの政権参加をめざしていました。篤姫は、一橋派の支持のもとに江戸城に入ったのです。

旧一橋慶喜家臣で明治期の実業家渋沢栄一《しぶさわえいいち》（一八四〇〜一九三一）が著した『徳川慶喜公伝《こうでん》』によれば、養父島津斉彬は、篤姫が入輿《にゅうよ》したうえは世継ぎの出生を期待するのは当然であるが、今日の社会状況を見ると、一日も早く慶喜を将軍にするのが望ましい、と述べています。同年一二月九日、斉彬の命を受けて大奥の周旋に動いていた西郷吉兵衛《さいごうきちべえ》（隆盛《たかもり》、一八二七〜七七）も、福井藩士で松平春嶽の側近の中根雪江《ゆきえ》（一八〇七〜七七）に対して、将軍後継については、すでに斉彬が篤姫に言い含めていると記しています。その後、安政四年（一八五七）六月に老中阿部が病死すると、同じく一橋派の堀田正睦《ほったまさよし》（一八一〇〜六四）が老中首座になりました。

しかし、安政五年四月に井伊が大老になると、六月に堀田は罷免され、次期将軍候補として紀州慶福が江戸城西の丸に入るなど、紀州派が優勢になります。当時の篤姫の書状によれば、将軍家定は一橋慶喜を次期将軍にす

図36　天璋院篤姫（尚古集成館所蔵）

ることは、「トフモ思召《おぼしめし》ニハ叶ハセラレス」と、気にいらないようすで、篤姫は、このころ慶喜擁立を断念したと思われます。先の渋沢栄一は、大奥に篤姫の与党はなく、逆に紀州派に利用される存在になったと記しています。また、元大奥女中も、「天璋院様が紀州を好いとしておられました」（『旧事諮問録』）と、篤姫が紀州慶福を支持していたこと、勝海舟《かつかいしゅう》も、「天璋院は、しまひまで、慶喜が嫌ひサ」（『海舟語録』）と、篤姫が一橋慶喜を嫌っていたことを述べています。篤姫は、大奥に入ったものの動きがとれず、慶喜との相性も悪く、一橋派の意向とは異なり、紀州派支持へと傾いていったようです。

渋沢によれば、将軍家定は、わがままな性格ではなかったが、幼い時に重い疱瘡《ほうそう》にかかり病身で、癇症《かんしゃく》のため時々痙攣《けいれん》し、言語も不明瞭でした。人に会うのを避け、三人の正室（有姫《ありひめ》、寿明姫《すめひめ》、篤姫）との会話もなく、鬱《うつ》病が重かったといいます。大奥は、このことを秘していましたが、家定のようすを見た大名や旗本らは、「暗愚《あんぐ》」の将軍と心配しました。

ただし、側近たちは、別の評価をしており、渋沢は、もし寛文年間（一六六一～七三）から天明年間（一七八一～八九）に将軍になるか、嘉永・安政年間（一八四八～六〇）でも、外様か譜代の大名家に生まれたならば、暗君の評価は受けず、思慮分別のある藩主といわれたに違いない、国家多事の時期に将軍家に生まれたことは、「かへすがえすも不幸の将軍なり」と述べています。

安政五年（一八五八）六月一九日、大老井伊は反対論を抑え、勅許を得ないまま日米修好通商条約《しゅうこうつうしょうじょうやく》を結びました。同二五日には紀州慶福の将軍継嗣を公表します。その後、オランダ、ロシア、イギリス、フランスとも修好通商条約を結んでいます（安政五か国条約）。一橋派の徳川斉昭らは無勅許調印を批判し、登城日でない日に登城し井伊を詰問しました。しかし、逆に彼らは隠居・謹慎などの処分を受け、一橋派はいっそう不利になりました。この間の七月六日、将軍家定が三五歳で病没、篤姫の結婚生活は、わずか一年半で終わりました。これにより、慶福は家茂と改名し、一二月一日一四代将軍となります。

天璋院と和宮

一橋派は、朝廷に働きかけて、形勢逆転を狙いました。家定の死亡を公表した安政五年（一九五八）八月八日、孝明《こうめい》天皇（一八三一～六六）は安政の条約を批判し、幕政改革などを求める勅諚《ちよくじよう》を水戸藩に出しました（戊午《ぼご》の密勅《みつちよく》）。これに対し、大老井伊は危機感を強め、幕政を批判する人々を厳しく弾圧しました（安政の大獄《たいごく》）。しかし、これは尊攘派の猛反発を買い、万延元年（一八六〇）三月三日、尊攘派水戸浪士らが、井伊を江戸城桜田門外で襲い殺害しました（桜田門外の変）。

こののち、幕府老中の久世広周《くぜひろちか》（一八一九～六四）と安藤信正《あんどうのぶまさ》（一八一九～七一）は、朝廷の権威を利用して幕府権力を強め、雄藩の政権参加を認める公武合体策《こうぶがったいさく》を進めました。一四代将軍家茂と孝明天皇の妹和宮との婚儀はその象徴ですが、この計画も尊攘派を刺激し、文久二年（一八六二）正月一五日、安藤は江戸城坂下門外で襲撃され負傷しました（坂下門外の変）。しかし、二月一一日家茂と和宮（一八四六～七七）の婚儀は成立し、公武合体運動はピークを迎えます。

朝廷は、和宮の入輿《じゆよ》にあたり、幕府に対して、和宮の身辺では「御所風《ごしよふう》」を守り、京の女官を側近に置くなどの条件を示しました。元大奥女中の回顧談によれば、「口さがなき部屋方などが悪口を申しましたのが響きまして、天璋院様との間がよくございませんで、天璋院様は二の丸に引移りになりましたから、嫁が来て姑を出すのは奇体《きたい》だなぞと申しました」（『旧事諮問録《きゆうじしもんろく》』）と、天璋院と和宮の関係はよくありませんでした。天璋院が規律を重んずるのに対し、和宮は磊落《らいらく》で、その生まれから、ふるまいや威光は天璋院を上回っていたともいわれます（『定本江戸城大奥』）。勝海舟によれば、和宮が大奥に入ったさい、土産の包み紙に「天璋院へ」と敬称を付さなかったことから天璋院付の女中らが怒り、和宮付の女中らと張り合うようになったともいわれます（『勝海舟全集・海舟語録』）。

こうした話がどこまで事実か不明ですが、それでも対立は徐々におさまっていったようです。

さて、一四代将軍家茂は、文久三年（一八六三）の二月から六月、元治元年（一八六四）の正月から五月、慶応元年（一八六五）の五月から翌年の七月と、二年間に三回上京しました。第一回上洛中、和宮と家茂は互いに書状を交わし贈物を送りました。天璋院も、家茂の滞京が長引くことを心配し、「跡さき御かんかへニ而、うかつに何事も御さた無やうに」と、若い将軍の軽挙を戒める書状を送っています。

しかし家茂は、第三回上京のさいの第二次幕長戦争のさなか、慶応二年七月二〇日大坂城において二一歳で病没しました。和宮との結婚生活は、わずか四年五か月余でした。その年の一二月九日、和宮は落飾《らくしょく》し、朝廷から静寛院《せいかんいん》の院号を与えられました。

無血開城

将軍家茂期の文久三年（一八六三）八月一八日、会津・薩摩両藩を中心とする公武合体派は、長州藩を中心とする尊攘派を京都から追放し（八月一八日の政変）、翌元治元年正月に一橋慶喜、松平容保《かたもり》、松平慶永、山内豊信《やまうちとよしげ》（容堂《ようどう》、一八二七〜七二）、伊達宗城《むねなり》、島津久光《ひさみつ》（斉彬の弟）など公武合体派による参預《さんよ》会議が成立しましたが、内部対立によりわずか二か月で解体しました。その後、慶応年間（一八六五〜六八）

には、土佐藩や越前藩などが、公武合体論を発展させ、諸侯会議を核とする公議政体論《こうぎせいたいろん》を唱え、慶応二年（一八六六）一二月五日には、一橋慶喜（三〇歳）が一五代将軍に就任します。しかし、同月二五日公武合体派を支持してきた孝明天皇が疱瘡《とうそう》で没し（三六歳、毒殺説も）、公武合体派の勢力は後退しました。

将軍慶喜は、軍制改革を行い幕府権力の強化をはかりますが、岩倉具視《いわくらともみ》（一八二五〜八三）らの工作により、慶応三年（一八六七）一〇月一三日に薩摩藩、一四日に長州藩に討幕の密勅が下りました。これに対し、一〇月一四日将軍慶喜は、徳川家を中心とする公議政体《こうぎせいたい》の新政権を構想し、大政奉還《たいせいほうかん》を朝廷に申し出、一五日に許されました。しかし一二月九日、薩長両藩は天皇に王政復古《おうせいふっこ》の号令を出させ、同日夜の小御所会議《こごしょかいぎ》では、薩長ら倒幕派が公議政体派を圧倒し、慶喜の辞官《じかん》・納地《のうち》（内大臣辞職と領地返上）が決定しました。ここに、江戸幕府は廃止され、徳川家を中心とする政権構想もついえたのです。

明治元年（一八六八）正月二日、大坂城の前将軍慶喜は、京都奪回を目指して旧幕府軍を進軍させますが、三日から六日の鳥羽伏見の戦い（京都市南区・伏見区）で敗れました。六日夜、慶喜は大坂城を脱出、旧幕府の軍艦開陽丸《かいようまる》で海路江戸に逃れますが、七日追討令が発せられ朝敵となりました。一二日慶喜は江戸城に戻り、天璋院に静寛院宮との対面のとりなしを願い、一五日静寛院宮にあい、昨年以来の経緯と鳥羽伏見の戦いの報告をしています（『静寛院宮御日記』）。この過程で、慶喜は静寛院宮に書状を送り、徳川家家臣は騒乱を起こさないこと、徳川家の存続を朝廷に周旋すること、の二点を願っています。

正月二〇日、静寛院宮は東海道先鋒総督兼鎮撫使《ちんぶし》の橋本実梁《はしもとさねやな》宛に書状を送りました。内容は、このたびの騒動は、慶喜の不行届きによるもので、慶喜はどのような処分を受けてもやむをえないが、徳川家が後世まで朝敵とされるのは残念である。どうか私への憐憫《れんびん》と思い、汚名をすすぎ家名が存続するように、命に代えて願うものである。官軍を差し向け徳川家を取りつぶすならば、私は死ぬ覚悟である、というものでした（『静寛院宮御日記』）。二月一日、慶喜は朝廷に対して謝罪恭順《きょうじゅん》の意を示し、一二日上野寛永寺（台東区）に謹慎します。二八日徳川家は、家臣に対し、官軍が東海道を向かっている状況を述べ、暴挙を戒めています（『続徳川実紀』）。

紀州藩士の堤《つつみ》嘉市《かいち》と本多甚五郎は、二月二九日から三月二日まで江戸に滞在し、三月一一日に京に戻りますが、当時の江戸市中は静かで、見附《みつけ》（見張り所）の番人は引き払い、江戸城西の丸も天璋院と静寛院宮がいるだけで、諸役人の出勤もなく、若年寄は役宅（藩邸）で勤務していると、江戸城中の寂れた状況を記しています（『戊辰日記』）。

『勝海舟日記』によれば、官軍は神奈川を越えて六郷川に到着し、殺気に満ち、慶喜を斬るべし、国家・朝廷を立てるべしと声をあげ、一方これを聞いた徳川方も怒り戦おうとする者が多く、両軍の緊張は極限状況になりました。

三月、天璋院は東海道鎮撫軍の隊長宛に、書状を送ります。内容は、私がいまさら言ってもしかたないが、二年前の慶応二年に将軍家茂が大坂で亡くなったさい、慶喜はちょうど上京中であったことから相続はやむを得ないと思い、これまで黙っていた。しかし、慶喜のようすは以前から満足するものではなかった。ついては、慶喜の問題はさておき、徳川家存亡について、私の一命にかけてお願いしたい。慶喜は、どのような罪に処されてもやむを得ないが、徳川家は大切な家なので安堵するよう御所に取りなすことを頼みたい。私は、徳川家に嫁したうえは、徳川家の土となるつもりである。私が存命中に徳川家に万一のことがあれば、冥土《めいど》で家定様に対して面目がないと、日夜寝食もとれず悲嘆している。もし朝廷に取り次いでくれるならば、私の一命を救うよりも有り難い。最近の時勢や人情、その他諸侯には頼むに足る器量の者もおらず、また尽力してくれる者もいないので、迷惑であろうが、あなた方に頼るほかない。徳川家が無事に相続できるよう願う、というものでした。

大奥発の法令

三月八日、大奥は徳川家中に対して、触を出しました。内容は、徳川家への追討使が派遣されたので、下々まで不敬のないようあらためて触れる。万一心得違いの者が恭順の意を失っては、朝廷も寛大の処置をやめ、徳川家を断絶させると京都から聞かされている。たとえ忠義の気持ちがあっても、恭順の意を失っては、朝廷に対して申し訳ないばかりか、徳川家の家名も断絶となり、はなはだ残念である。人心を落ち着かせるために、このたび大総督宮の陣中へ使者として静寛院宮の侍女土御門藤子《つちみかどふじこ》を派遣する。静寛院宮が、徳川家のためにたいそう心を痛めているので、下々までも徹底し、恭順の意を失わないようよく諭すこと、というものでした。そして、末尾では「右之通、大奥より被仰出候間、末々ニ至迄心得違無之様可致旨、向々江可被達候事」と、大奥からの発布なので、下々まで心得違いがないように達することを命じています（『幕末御触書集成』）。江戸初頭以来、おそらく初めての「大奥発」の法令が出されたのです。大奥の「内政」を示す史料といえます。ほぼ同文の法令が『藤岡屋日記』にも見られ、「大奥より浅野美作守江御渡」と、若年寄の浅野美作守祐子《あさのみまさかのかみうじすけ》を通じて発布されたことがわかります。

三月一一日、天璋院は官軍中の薩摩藩に、再度嘆願書を提出しました。このとき、天璋院は大奥年寄のつほね（局＝幾島《いくしま》）に命じて、東海道を出立させました。使者のつほねは、薩摩藩時代から供をした者であり、高齢で歩行も困難になり、宿下がりしていたところを、無理に出立させています。一方、静寛院宮の使者として、先の藤子が東海道に、大奥年寄の玉島《たましま》が中山道に、それぞれ出立しています。

この記事と関連して、『藤岡屋日記』には表5のような記述があります。

前項は、天璋院の指示で東海道を上った幾島が病気のため、差添役《さしそえやく》の福田《ふくだ》と、奥医師の浅田《あさだ》宗伯《そうはく》が同行し、官軍の西郷隆盛に六万両を渡し、帰りは品川宿（東京都品川区）まで戻って宿泊したことが記されています。また後項は、静寛院宮の指示で中山道を向かった年寄の玉島が、一一日大宮宿（埼玉県さいたま市）で東山道軍と会い、一二日に帰城したことが記されています。

東海道の官軍は三月一二日に品川宿に到着し、東山道軍は一三日に板橋宿（板橋区）と府中宿（府中市）に到着しました。「天璋院様御履歴」には、「三月十三日、つほね西郷吉之助ニ面談シ、御旨ヲ伝ヘ口上

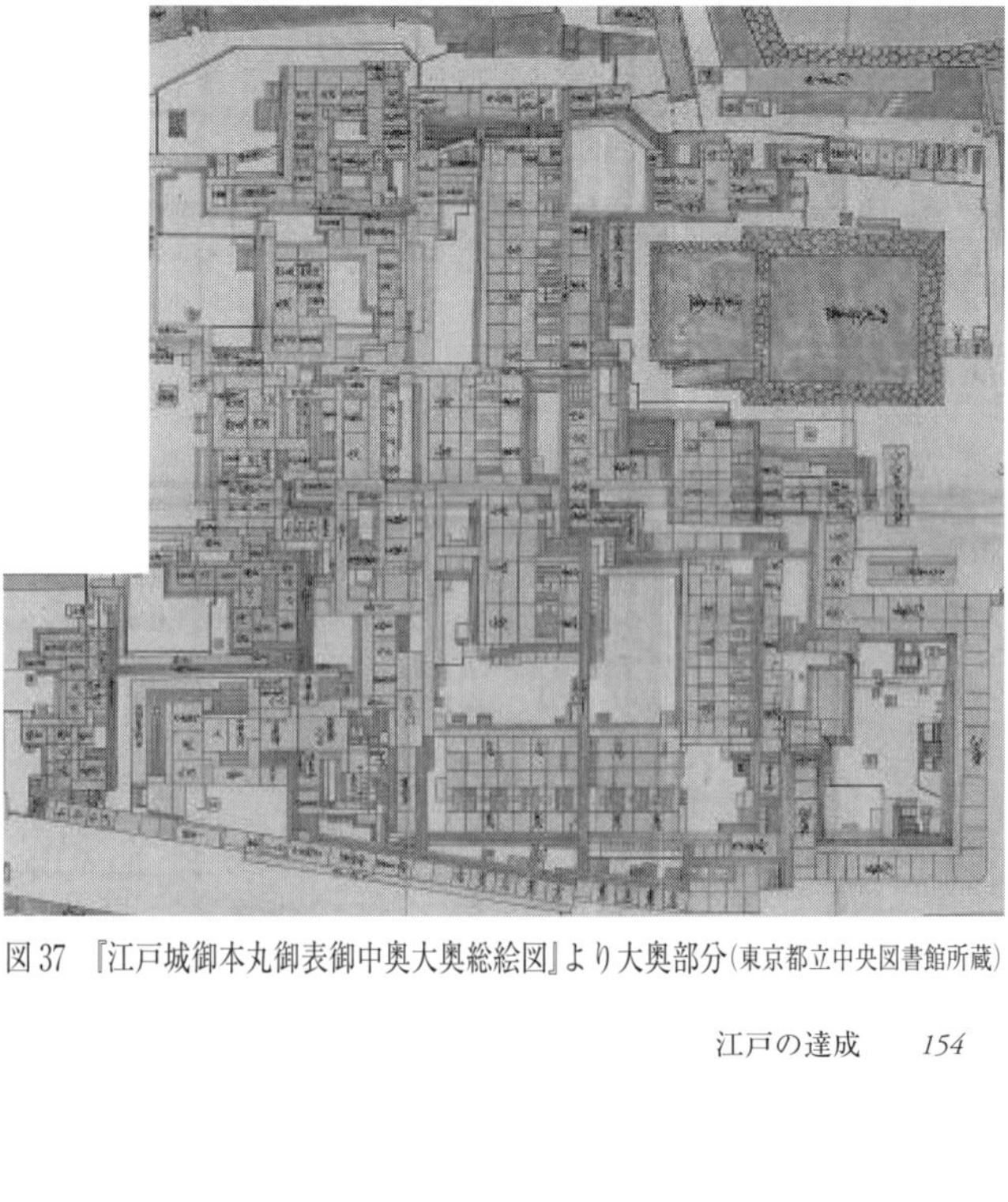

図37　『江戸城御本丸御表御中奥大奥総絵図』より大奥部分（東京都立中央図書館所蔵）

承リ今日帰府」と、前項の記事と関係して、つほね（局）が西郷に会って天璋院の嘆願を伝え、口上を聞いて、一三日に江戸に戻ったとの記述があります。

一方静寛院宮も、三月一一日付で東山道先鋒総督の岩倉具定《ともさだ》に書状を送りました。内容は、このたびは官軍が進軍しても不敬がないように厳しく申し付けたが、なかには心得違いの者もおり、彼らが恭順の意を失っては、朝廷に失礼なだけでなく、徳川家の安危にもかかわると心配している。お互い身分の低い者が粗相をして大事となってはいかにも残念である、私の心中を察して、詳細を玉島から聞いてほしい、というものでした。

さらに静寛院宮は、三月一八日に徳川家家臣に対して、万一家臣が暴挙などを起こしたら、これまでのやりとりは策謀と思われてしまい、朝廷に対して申し訳なく、以後願い事はできなくなる。徳川家のため、または庶民が動揺しないために、家臣たちは恭順の意を失わぬよう、あらためて指示するものである、という指示を出しました（『静寛院宮御日記』）。

さらに天璋院も、江戸城総攻撃は見合わせになったが、もし不心得者がいると、徳川家の一大事

表5　『藤岡屋日記』の記述

○三月十一日　天璋院様御使御用として東海道出立
　御年寄　御局殿
　病中ニ付差添
　表使　福田
　御使番　さ津
　　小夜話
　御広鋪番之頭　小倉十兵衛
　　神保槍之助
　奥医師　浅田宗伯
然ル処、川崎宿ニ而薩州重役ニ（之）西郷吉之助ニ逢、内談有之、金凡六万両計、二歩金二而渡し、夜ニ入候へ共、川崎ニ泊らず、品川迄来釜屋泊、十三日朝四ツ時御城入也
○十一日　中山道出立
　静寛院宮様　御年寄　玉しま殿
　　御使番　二人
　御広敷番之頭　本多喜八郎
右は大宮宿より十三日夕方帰ル也

になる。これまでの努力も無に帰すので、心得違いなく静謐《せいひつ》を保つようにと、指示しています。徳川家の最終段階の危機管理が、天璋院と静寛院宮によって行われたことがわかります。

以上のように、江戸城開城期、大奥は戦争回避と徳川家の存続のために、官軍と「外交」を展開していたのです。

『続徳川実紀』によれば、三月一五日の江戸城攻撃直前の一三日、勝海舟と西郷隆盛は薩摩藩高輪《たかなわ》邸（品川区）で会い、和宮を守るために双方尽力することを約束しました。翌一四日には徳川家の嘆願書が示され、江戸城攻撃の中止が決定しました。

この勝と西郷の功績として知られる「無血開城」ののちにも、実は天璋院の「外交」が存在しました。「天璋院様御履歴」三月一九日条によると、天璋院が嘆願のために女中を薩摩軍に派遣し、西郷が聞き届け大総督府の判断を仰ぐ旨の回答を得ました。この間、万一不心得者がいた場合、徳川家の一大事になる。このことをよく心得、一同謹慎することが、家康以来の徳川家への奉公と考え、決して心得違いのないようにと、指示したのです。そして、この文末にも、先の三月八日の触同様、「右之通、大奥より被仰出候間、向々江不洩様可被相触候」と、大奥の発令であることが記されています。

以上、慶応四年（一八六八）の江戸城開城期において、篤姫（天璋院）と和宮（静寛院宮）を中心とする江戸城大奥が、一個の政治勢力として戦争回避と徳川家存続のために「内政」と「外交」を展開していた事実を明らかにしました。この時期の徳川家の女性や大奥女性官僚の意識や活動の実態がうかがえます。江戸の女性たちの到達点もまた確認できるのです。

以後、天璋院は徳川家の家政にかかわり、一六代当主の家達《いえさと》（一八六三〜一九四〇）を養育するなど重要な役割を果たします（『天璋院様御履歴』）。

明治一六年一一月一三日、天璋院は発病、侍医の竹内正信《たけうちまさのぶ》は中風と診断し、ドイツ人医師ベルツはエンボリート（血栓）と診断しました。皇后や実家の島津藩から見舞いが届きましたが、一九日危篤となり、二〇日、四九歳の波瀾の生涯を閉じました。現在、天璋院は、自ら守った東京の上野寛永寺の徳川家墓地で夫家定とともに眠っています。天璋院は、書状に記した通り「徳川家の土」となったのです。

⑬ 官僚革命
――坂本龍馬と明治維新――

一つのエピソードから

今から一四〇年ほど前、この列島社会において、日本社会は大規模な「政権交代」を経験しました。世にいう「明治維新」です。ここでは、江戸時代の到達点である明治維新への過程で重要な役割を果たした坂本龍馬《さかもとりようま》（一八三五～六七）をとりあげ、彼を取り巻く歴史環境、さらには明治維新＝政権交代の意義について考えます。

さて、坂本龍馬については、次のようなエピソードが知られています。

或る日、龍馬途上に同志檜垣直治《なほぢ》に会ひ、其の長刀を帯ぶるを見て、無用の長物、緩急《くわんきふ》に応ずる能はざらんと言ひ、自ら短刀を示せしかば、檜垣大に悟る所あり、長刀を棄て短刀を帯び、重ねて龍馬に会ふ、龍馬短銃《ピストル》を執り、轟然一丸を放ちて曰く、是れ西洋の新武器なりと。数旬を経て、檜垣また龍馬と邂逅す、龍馬曰く「将来は武のみを以て立つべからず、学問が必要なり、僕今や万国公法を読む、頗る面白し」と。龍馬が時勢に適応《てきおう》するもの、概ね斯くの如し。

（千頭清臣《ちかみきよおみ》『坂本龍馬』）

次のような内容です。ある日、龍馬は友人の檜垣直治《ひがきなおじ》に会った。そのとき龍馬は檜垣の長い刀を見て、「無用の長物である。いざという時に役にたたない」といい、自分の短い刀を見せた。たしかに、実戦には長い刀よりも短い刀の方が有利で、相手を確実に倒せるので、檜垣は納得した。しばらくして、短刀を帯びた檜垣は再び龍馬に会った。すると、龍馬はいきなり短銃《ピストル》を出し、一発撃って「これが西洋の新しい武器だ」と言った。三度目、また二人が会ったとき、龍馬は「これからは、武力だけでは役に立たない。今『万国公法《ばんこくこうほう》』（欧米の国際法）を読んでいるが、非常に面白い」と、いったというのです。

この話は、史料で確認できないフィクションです。ただし、慶応二年（一八六六）一二月四日付の兄権平《ごんべい》と一同宛の龍馬の書状には、これと関連する一文があります。

一養子に御申聞被成度事ハ御国にて流行申候長剣ハ兼而も申候通り壱人〳〵之喧嘩又ハ、昔話しの宮本武蔵の試合など申時ハ、至極宜候得ども、当時の戦場にてハ悪く候、人数を指引致す人などハ銃をも持たぬもの故に、随分きらひやがおる、長剣も可宜候得ども手に銃を取る丈の人ハ実ハ刀もなくて可宜候得ども、其通りも参るまじければ弐尺壱弐寸の刀に、四五寸斗の短刀が宜候、戦場ニ而引取り而は又かけ引取り而ハまたかけ仕時、刀を心掛候人ハ銃を捨るものにて、つひにハ惣人数の銃が少くなり申ものにて候間、譬《たとえ》侍馬廻りと申ても銃にて働く者ハ、刀ハなくても可然存候。戦場と申ても治世に思ふよふ

図 38　坂本龍馬

にいそがしき物にても無之候、譬へ敵鼻先きへ来るとも、少しの心得があれバ随分銃の込ミ替ハ出来るものにて候。

（『坂本龍馬全集』）

龍馬は、慶応二年正月、幕府役人の包囲網を斬り合いの末、脱出した寺田屋事件、六月の第二次幕長戦争などの厳しい体験をへて、長刀よりは短刀、短刀よりは銃が有利、という考えに到達したと思われます。「万国公法」についての記載はありませんが、先の話はおそらくこの書状がもとになったと思われます。

私はこの話を、伝統的な刀からピストルへ、ピストルから国際法へという龍馬の視野・立場、さらには価値観の広がりを象徴する話としてとらえたいと思います。すなわち、龍馬にとって、刀は土佐藩の武家＝坂本家の象徴であり、彼が「土佐人」として藩政・幕政に関わる段階を示しています。次のピストルは、西洋文明の象徴であり、龍馬が土佐藩という枠組みを超えて、「日本人」として異文化に関わったことを示しています。

そして、最後の「万国公法」は、国際化・世界化の象徴であり、龍馬が法や商業など国家や地域を超える制度・システムに触れ、「国際人」として、平和に世界と関わることを目指していたことを示しています。この龍馬の価値観の変化は、当時多くの日本人リーダーが経験した変化でもありました。幕末期、幕府や諸藩は、国内の社会秩序の動揺や、諸外国の接近などに対応しつつ、新たな政治体制・国家体制を模索していたのです。

すなわち、この時期、幕府や諸藩は欧米の議会制度を参考に、公武合体と諸侯会議を軸とする新たな国家構想＝公議政体論を提起しました。この構想は、上院（朝廷・諸侯）と下院（藩士・庶民）の二院制へと展開しますが、龍馬の国家構想＝「船中八策《せんちゅうはっさく》」も、この公議政体論に範疇化されるものです。幕末の政争とは、実は、この国家新体制実現の主導権争いでした。この結果、二六五年間、江戸幕府が主導して進めてきた列島規模での権力集中と、社会の合理化・文明化は明治政府へと受け継がれていったのです。

この事実は、今日の私たちが、今後の日本の新たな国家や社会の秩序・システムを構想し、さらに東アジア、地球規模の秩序・システムを構想するうえで重要です。幕末期の明治維新＝政権交代の実態と意義を、従来のチャンバラや陰謀史観ではなく、現代の視点から改めて見ていくことにしましょう。

龍馬の成長

まず、龍馬の成長を史料から見てみます。

「土佐人」として

安政五年（一八五八）正月八日、老中堀田正睦《ほったまさよし》は京都に赴き、日米修好通商条約の勅許を朝廷に願い出ましたが、攘夷を主張する孝明《こうめい》天皇は拒否しました。四月二三日、紀州派の支持を受けて井伊直弼《いいなおすけ》が大老に就任すると、幕府は勅許を得ない

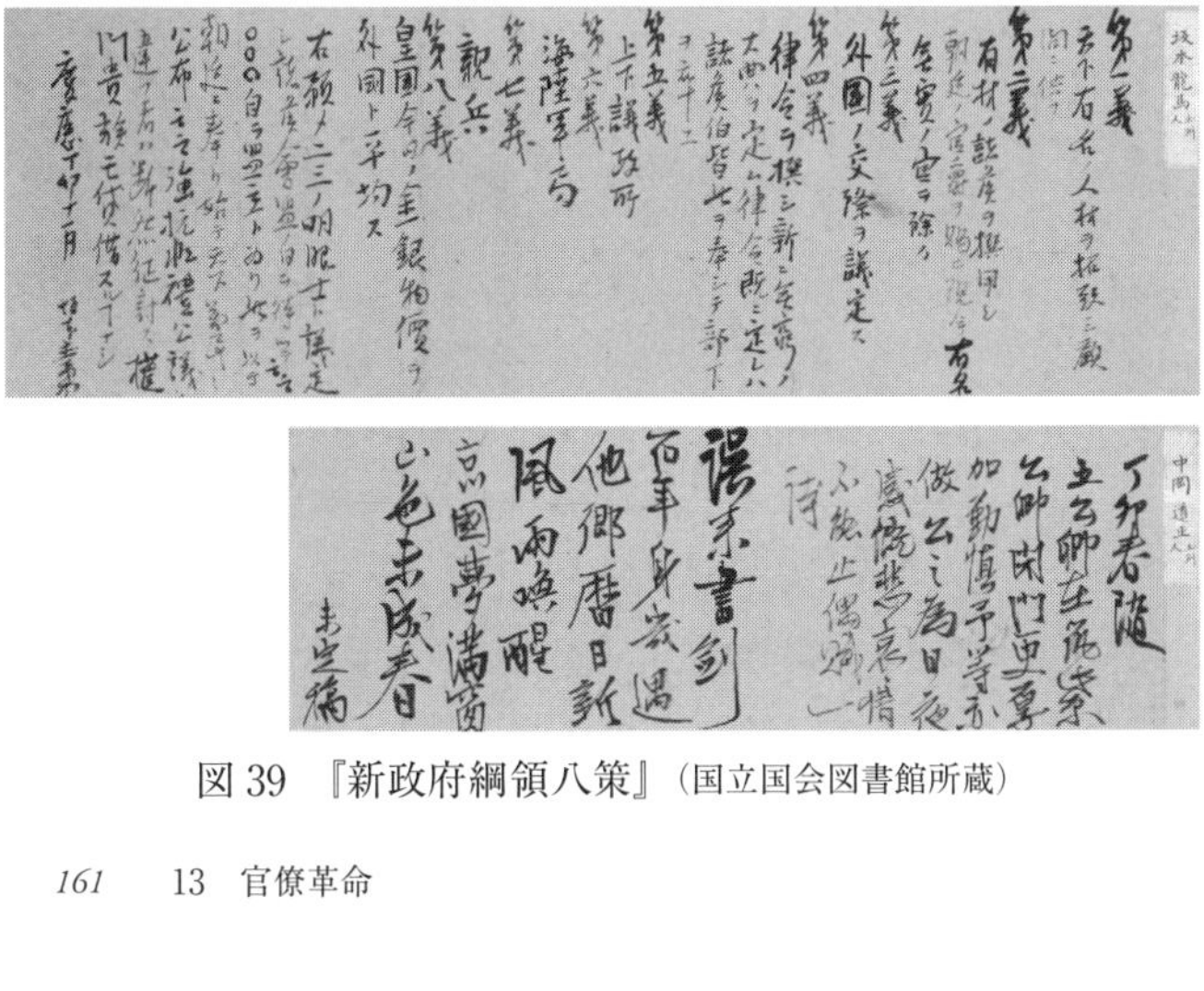

図39 『新政府綱領八策』（国立国会図書館所蔵）

まま、六月一九日に神奈川沖のアメリカ軍艦ポーハタン号船上において、ハリスと同条約に調印しました。条約の内容は、ペリーとの和親条約で開港した下田・箱館二港に加えて、神奈川（横浜）・長崎・新潟・兵庫（神戸）の四港を開港し（ただし下田は閉港）、自由貿易を行うというものでした。しかし、この条約は領事裁判権の規定、関税自主権の否定、片務的な最恵国待遇の存続など、不平等な側面を含むものでした。しかもこの条約は、勅許を得なかったために仮条約とよばれ、井伊政治への批判が強まるとともに、攘夷論と尊王論が接近しました。この間、下級武士、豪商、豪農、村役人など在野で政治を論じ実践する「草莽《そうもう》の士」が勢力を拡大します。土佐から江戸に出て、武術や学問を学んだ坂本龍馬もその一人でした。嘉永六年（一八五三）江戸に出てペリー来航に遭遇した龍馬は、九月二三日に江戸から国元の父に宛てた書状で、「異国船処々に来り候由に候へば、軍《いくさ》も近き内と存じ奉り候、その節は異国の首を打取り帰国仕るべく候」と、攘夷決行と土佐への凱旋を宣言しています。開国をめぐる議論と政治活動の高揚は、武士のみならず庶民をも含むものであり、あらたな政治ビジョンを争う「政治の季

図 40　井伊直弼（豪徳寺所蔵）

図 41　木戸孝允

節」＝幕末期の到来を示すものでした。

「日本人」として

文久元年（一八六一）八月、江戸にいた土佐藩の武市瑞山《たけちずいざん》（半平太《はんぺいた》、一八二九～六五）は、土佐勤王党《とさきんのうとう》を結成し、龍馬もこれに加わりました。翌月、武市は土佐に帰り組織を強化し、中岡慎太郎《なかおかしんたろう》（一八三八～六七）や吉村寅太郎《よしむらとらたろう》（一八三七～六三）など、同志は二〇〇名余へと拡大しました。

しかし、龍馬は土佐を脱藩し、幕臣勝海舟《かつかいしゅう》のもとで、土佐から日本へという枠組みを獲得していきます。文久三年（一八六三）三月二〇日、龍馬は姉の乙女《おとめ》宛の書状で、「今にては、日本第一の人物勝麟太《りんた》郎《ろう》といふ人の弟子になり、日々かねて思いつきたる所をせい（精）を出しおり申候……国のため天下のためちから（力）をつくしおり申候、どふぞおんよろこびねがいあげ候」と、「日本」「天下」の概念を用い、さらに六月二九日の乙女宛の書状でも「日本を今一度せんたくいたし申候」と、「日本」の変革を主張しています。尊攘派と公武合体派の激しい政治闘争の時期、龍馬は確実に自らの道を歩み始めていたのです。

慶応二年（一八六六）正月二一日（二二日とも）、土佐藩の坂本龍馬と中岡慎太郎が周旋し、京都薩摩藩邸で、薩摩藩の小松帯刀（一八三五～七〇）、西郷隆盛と、長州藩の桂小五郎（一八三三～七七）が会い、薩長同盟を結びました。六か条の条文は、幕府による長州再攻が行われた場合、「皇国の御為め」に、薩摩が長州に協力するという攻守同盟でした。龍馬は、盟約書に、「表に御記被成《なされ》候六条ハ、小（小松《こまつ》帯刀《たてわき》）・西（西郷《さいごう》）両氏及老兄（木戸《きど》）・龍（龍馬）等も御同席にて談論せし所にて、毛も相違無之《これなく》候」と裏書しています。反幕府勢力の結集に重要な役割を果たした龍馬は、それゆえに幕府から危険人物として、こののち執拗に狙われることになります。

「国際人」として

慶応三年（一八六七）四月、龍馬は創設された海援隊《かいえんたい》の隊長に就任します。この組織は、それまで龍馬が率いてきた亀山社中《かめやましやちゆう》が発展したもので、約五〇名のメンバーのうち、正規の隊士は二二名で、他は水夫でした。隊士二二名のうち一二名は土佐出身でしたが、越前や紀州の出身者もいました。海援隊の「約規」（規約）には、「凡《およ》そかつて本藩を脱する者、および他藩を脱する者、海外の志ある者、この隊に入る」と、龍馬が、「海外」を射程に入れていたことがわかります。四月二三日に讃岐《さぬき》沖で、伊予大洲《おおず》藩から海援隊が借用した「いろは丸」が、紀州藩の「明光丸《めいこうまる》」に衝突され沈没するという「いろは丸事件」が起きました。龍馬は、御三家の威光を背に、政治的に威圧しようとする紀州藩に対して、互いの航海日誌や海路図などをもとに事実審理を進めました。後藤象二郎《ごとうしようじろう》（一八三八～九七）を土佐藩の代表として談判させるさいには、長崎にいたイギリス提督から諸外国の海難事故の事例を聞いています。龍馬は、海難事件の他に、刑事事件、商業取引などについても、国際法＝「万国公法」（グローバル・スタンダード）を基準に置こうとしていました。

五月五日、龍馬は長州藩支藩の長府（下関市）藩士三吉慎蔵《みよししんぞう》の書状で、「国を開くの道は、戦するものは戦い、修行するものは修行し、商法は商法で、銘々《めいめい》かえりみずにやらねばならず」と、国を文明化するために、国民がそれぞれの役割を果たすべきことを述べていますが、龍馬自身は、商いで国を開こうと思っていたようです。

六月九日、龍馬は海援隊の書記の長岡謙吉《ながおかけんきち》をともない、後藤象二郎とともに長崎から京都に向かいました。龍馬は、その船の中で後藤に新たな国家構想を語り、八か条にまとめて長岡に書かせたといいます。世に言う「船中八策《せんちゅうはっさく》」です。内容は、朝廷を中央政府とし、議会（「議政局」）を設置し、憲法（「無窮の大典」）を制定し、政府軍（「御親兵」）を組織することなどでした。江戸幕府よりも中央集権的かつ立憲的な国家構想でした。第４条では、「外国の交際広く公議を採り、新に至当の規約を立つべき事」と、外国との法にもとづく交際を記し、第８条では、「金銀物価、宜しく外国と平均の法を設くべき事」と、外国との対等な経済を記しています。国際社会のなかに、日本を位置づけようとしていたことがわかります。「船中八策」は、後藤の手により在京の土佐藩士に知らされ、新たな藩の指針となりました。六月二二日、薩摩藩は土佐藩と薩土盟約《さつどめいやく》を結び、大政奉還後に公議政体を樹立することを約しました。これもまた、龍馬が周旋したものでした。しかし、他方で薩摩藩は、九月一八日に長州藩と挙兵討幕の盟約を結び、さらに討幕派公家の岩倉具視《いわくらともみ》と薩摩藩の大久保利通《おおくぼとしみち》（一八三〇～七八）が画策し、一〇月一三日に薩摩、翌一四日に長州に、討幕の密勅が下ったのです。

これより早く、一〇月三日、前土佐藩主の山内豊信《やまうちとよしげ》（容堂《ようどう》）は、討幕派の先手を打つべく一五代将軍徳川慶喜《とくがわよしのぶ》に大政奉還を建白しました。慶喜は、薩長討幕派による討幕の密勅の動きを察知していたことから、一四日に大政奉還を上表し、翌日朝廷に認められました。慶喜のねらいは、大政奉還後も政治の主導権を握ることにありました。しかし、一二月九日討幕派は慶喜のねらいを封じ、討幕派主導のもと、薩摩、尾張、福井、土佐、安芸の五藩兵が宮門を固め、天皇が小御所《こごしょ》で「王政復古《おうせいふっこ》」の号令を発したのです。内容は、慶喜の政権返上、将軍職辞退、江戸幕府の廃止などでした。この夜の御前会議（小御所会議）では、徳川家処分が議論されました。山内豊信や松平慶永《まつだいらよしなが》ら公議政体派は慶喜の列席を主張しましたが、岩倉ら討幕派は慶喜の辞官・納地（内大臣辞職と領地返上）を強硬に主張し、公議政体派を圧倒しました。

この大政奉還から王政復古の間の一一月一五日、龍馬は京都の下宿所近江屋（京都市中京区）で、幕府の見廻組に襲撃され死亡します。文字通り志なかばの死でした。大政奉還の直後、西郷隆盛《たかもり》が、新政府の人事案のなかに龍馬の名前がないのを疑問に思い尋ねると、龍馬は、「窮屈な役人になるより、世界の海援隊でもやりましょうかな」といったというエピソードがあります。真偽のほどは不明ですが、「国際人」龍馬らしい話です。

図42　松平慶永（福井市立郷土歴史博物館所蔵）

図43　西郷隆盛（キヨッソーネ画）

明治維新＝官僚革命論

以上で見てきた幕末政治の過程は、たしかに武士の時代の終焉を示すものでした。しかし、江戸時代の武士は、これまで述べてきたように、戦闘者というよりも、むしろ官僚でした。その官僚システムについて、来日外国人たちが興味深い分析をしています。

安永八年（一七七九）に来日したオランダ商館長ティチングは、「内裏《だいり》の影響力は無に等しく、したがって主権は、実際には将軍家に委ねられている」（『日本風俗図誌』）と、天皇に政治的な実権がないことを述べています。また、安政四年（一八五七）に来日したオランダ人カッテンディーケは、「統治は江戸の国務会議によって行なわれ、有力なる藩侯がその会議に列していた。その会議の議長、すなわち大老は将軍自身よりも大きな権力をふるっていた」（『長崎海軍伝習所の日々』）と、将軍権力の限界を述べ、文久三年（一八六三）に来日したロシア人ゴンチャーロフは、「老中は将軍なしでは何事もできないし、将軍も老中なしでは何事もできないし、将軍も老中も諸侯《しょこう》に謀らなければならない」（『日本渡航記』）と、将軍や老中らの権力も制限されていたことを記しています。

大名についても、一八六一年に来日し、イギリス公使パークスの傘下で活動したイギリス海軍軍医将校のディキンズが、「大名というものは名目上の存在にすぎず、実権は家老《カロー》の手中にあった。家老の多くは世襲制で、主君と同じく、ほとんど無力であった」「大名の領地は家老《カロー》によって治められたが、家老それ自身も、ずっと下級の役人たちに操られる世襲的な人形にすぎない場合が多かった」（『パークス伝』）と、大名や家老らも権限は限られていたことを述べています。

すなわち、江戸時代をつうじて、幕府や諸藩では、奉行・役人など中下級官僚たちが実権を握るにいたったのです。このことをふまえて、明治維新＝政権交代を見直すならば、江戸時代後期の「内憂外患《ないゆうがいかん》」に促されて、それまで譜代大名や旗本など「幕府官僚」が担ってきた国家運営を、朝廷官僚や藩官僚を加えた「新政府官僚」が担うという、権力構造の変化としてとらえることができます。明治維新＝「官僚革命」と位置づけることも可能になるのです。

江戸時代二六五年間をつうじて発展してきた、日本人の合理的・客観的な精神は、こののち近代において、欧米のさまざまな知識や情報、さらには制度・システムを取り入れつつ、今日にいたることになります。江戸時代とは、決して理解不可能な、私たちと断絶した時代ではなく、私たちにも理解可能な、連続した時代ととらえることができるのです。

⑭ 軍備の近代化
――会津藩の幕末維新――

会津藩の洋式軍備化

第11章「新選組」で、［薩長＝開明的＝近代化成功］、［幕府＝保守的＝近代化失敗］と、西日本の倒幕派と東日本の佐幕派を対照的にとらえる「西高東低」の明治維新史観の訂正の必要性を指摘しました。本章では、遅れたイメージをもつ東日本の藩の一つ、会津藩の洋式軍備化の実態を見ることにします。

弘化年間（一八四四～四八）、会津藩は西洋砲の製造を開始します。嘉永四年（一八四七）には、会津藩士一瀬《いちのせ》大蔵忠移《ただより》が伊豆韮山《にらやま》（静岡県伊豆の国市）に赴き、幕府代官江川太郎左衛門英龍《ひでたつ》（一八〇一～五五）から大砲鋳造を学びます。安政年間（一八五四～五九）初年、一瀬豊彦がゲベール銃（前装式で球形弾丸を込め、火打石〈のち雷管《らいかん》〉で発射する射程一〇〇メートル前後のオランダ製洋式小銃）を初めて会津に持ち帰ります。文久二年（一八六二）には、藩の方針として、火縄銃を廃し雷管式に切り替えます。

文久三年二月には、ミニエー銃（一八四六年に、フランス歩兵大尉ミニエーが改良、前装式〈のち元込め〉で管打式〈雷管式〉による施条銃《ライフル》、椎実《しいのみ》形鉛弾を用い射程距離は三〇〇メートル）四〇〇〇挺の装備をめざして、和銃と入れ替える作業を始めます。しかし軍制改革＝洋式化にたいして、藩内で議論が起こり、武具役所などが従来の権益を失うことを不満として、批判を強めました。
文久三年一二月二一日には、老中の水野忠精《ただきよ》（一八三二〜八四）より、会津が製作しているミニエー銃を見たいとの希望が出され、見せたところ、気に入り購入したいと言ってきました。水野は幕府の重要人物であり、また藩主松平容保の希望もあることから、水野に一〇挺、家老の岩崎に二挺贈りました。一二月二五日には、藩内で新たに製作した洋式銃一四〇挺を会所御用の間に飾り、家老たちの一覧に供しました（鈴木為輔「会津藩の西洋銃製作」『会津史談会誌』21）。

元治元年（一八六四）五月七日、会津藩は、京都滞在で世話になった幕府勘定奉行の立田主水正（正直《まさなお》、?〜一八六四）にミニエー銃五挺、同吟味役の鈴木大之進《だいのしん》（重嶺《しげね》、一八一四〜九八）に三挺贈ることにしました。同年五月の藩士の日記にも「この頃は御家の「軍法」は西洋流に変えられ、洋服と銃による「歩兵稽古《ほへいげいこ》」が盛んであると記されています。日記からは、同年七月一七日、御備《おそなえ》小銃をミニエー銃にするために、江戸と会津で製作し、長崎で購入したものを合わせて五〇〇挺になったが、「全備」には二〇〇〇挺余が必要とされていたことがわかります。

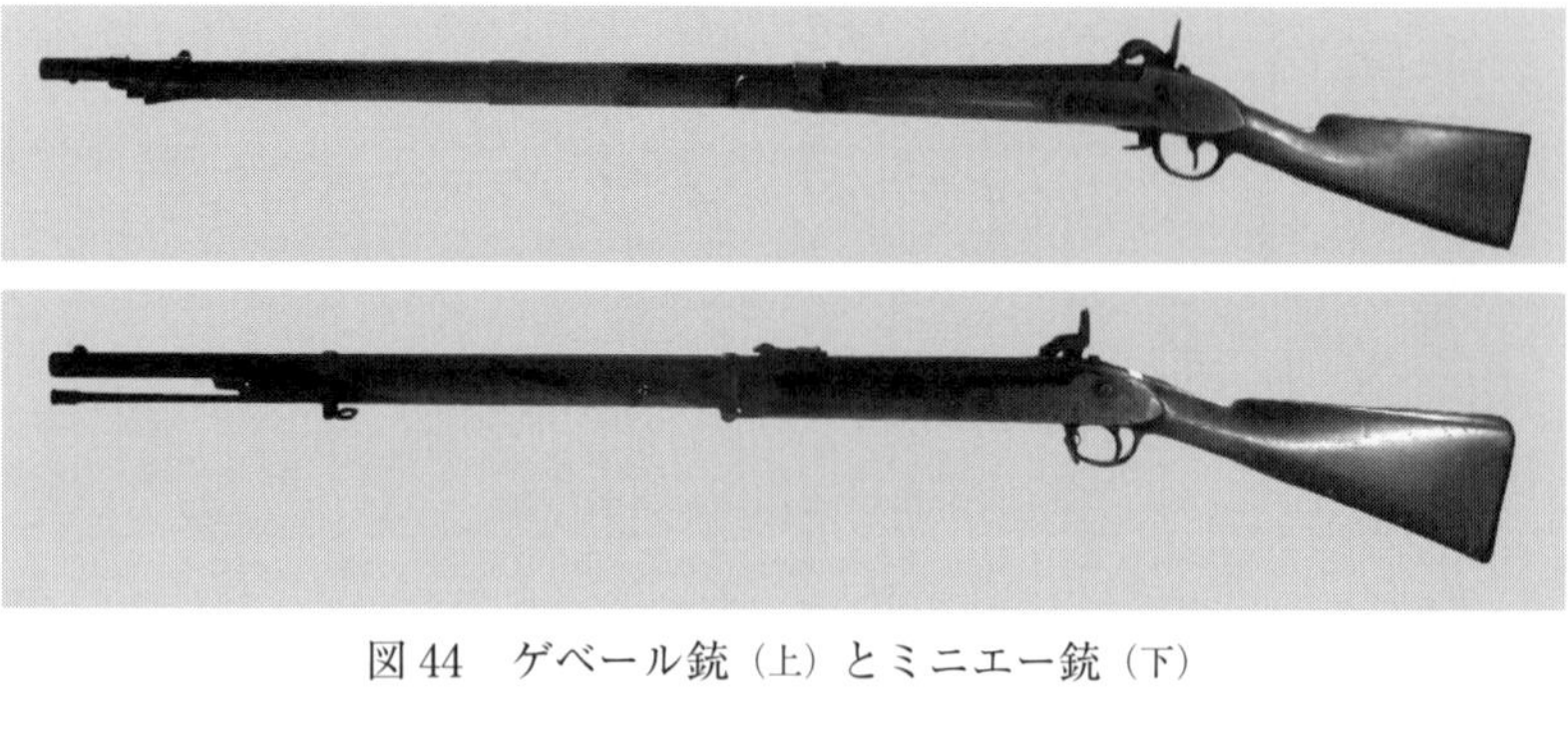

図44　ゲベール銃（上）とミニエー銃（下）

実戦と拡充

同じく元治元年七月一八日、禁門《きんもん》の変のさい、会津藩は一五ドイム（一五サンチ）臼砲《きゅうほう》（モルチール）を使い、長州藩や攘夷派らがひそむ鷹司《たかつかさ》邸の西北の塀を崩壊しました。同年八月には、これを教訓に、この月から軍制改革を断行することとし、広川兼済の提案で、洋式銃を中心に、大砲隊を設置し、山本覚馬《かくま》らを教授に任命しています。また、九月には、広川の提案にもとづき、兵士全員に銃を携行させ、戦闘方法を砲中心へと変えることにします。これは、実戦に参加した者たちが西洋の戦法や、洋式軍備の重要性を認識した結果でもありました。

同じく元治元年一〇月八日には、会津藩の藩兵全員に管打式（雷管式）の小銃が行き渡るように、火縄銃を管打式に改造する提案がされています。同一二月二四日には、会津藩京都方の方針として、ミニエー銃について、戦争の勝敗を左右する重要な武器という認識のもと、江戸や会津でミニエー銃の製作を急がせ、さらに横浜での購入を促しました。

慶応二年（一八六六）一〇月二四日には、西洋から輸入された元込銃《もとごめ》を、見本として三挺入手し、製作する計画を立てました。翌三年四月一日、会津藩を代表して、藩士の山本覚馬《かくま》と中沢帯刀《たてわき》が、シュンドナールド銃（ツンナール銃）一三〇〇挺と付属品を、ドイツ商人カール・レーマンに発注しました。

慶応三年四月一日にも、会津藩代表の両人が、カール・レーマンにたいして、スナイドル・ゲベール銃一三〇〇梃と附属品を発注しています（荒木康彦『近代日独交渉史研究序説—最初のドイツ大学日本人学生馬島済治とカール・レーマン—』雄松堂）。

明治元年（一八六八）三月二三日、会津藩は帰国にあたり、横浜のスネル商会（兄ヘンリイはプロシア領事書記官、弟エドワルドはスイス総領事書記官のち貿易商人）から大量の武器・弾薬を買いつけました。オランダ出身とされるスネル兄弟は、会津に入国し、西洋軍法および藩に利益になる事を進言しています。松平容保《かたもり》は、兄ヘンリイに平松武兵衛という日本名を贈り、城下に屋敷も与え、会津藩の戦略策定に彼の意見を取り入れました。スネル兄弟は、米沢藩や庄内藩とも交流を深め、奥羽列藩同盟の顧問として、戦いを指揮するようになりました（丸山国雄「会津藩武器購入に関する一問題」会津史談会『会津史談会誌』第一六号、星亮一『敗者の維新史』中公新書）。

明治元年五月ころ、会津藩は軍制の近代化を急ぎました。藩は、旧幕府に対して軍制改革のための教官派遣を依頼します。実際に、旧幕臣で「伝習歩兵第二隊長歩兵頭並」の沼間守一《ぬまもりかず》（一八四三〜九〇、のち民権政治家に）らを会津に招き、旧幕府洋式軍隊の伝習隊からフランス式の指導を受けています。しかし、会津藩は、長年の在京任務のために財政難となり、また旧式軍制の影響も残っていたため、準備が整わぬまま「官軍」の来襲を受け、戦線が広がるにつれて供給が続かず、洋式銃が不足するなどして敗北を迎えます。

九月二四日、会津落城のさい、会津藩は新政府軍に、「鉄砲兵器の目録を提出し其の他は城中に蔵むる俱軍監《ままぐんかん》に交付す」と、武器の目録を提出しますが、それによると、弾薬付の大砲五〇挺、小銃二八四五挺、胴乱《どうらん》（弾丸入）一八箱、小銃弾薬二三万発、槍一三二〇筋、長刀八一振、とかなり洋式化が進んでいたことがわかります。

幕末維新期、会津藩は山本覚馬ら軍事官僚を中心に急速に洋式軍備化をしていたのです。

戊辰戦争と会津藩

戊辰《ぼしん》戦争とは、慶応四年（明治元年）正月の鳥羽伏見の戦いから、江戸の上野戦争、北越・東北戦争、翌二年五月に終息する箱館戦争まで、薩摩・長州など新政府軍と、旧幕府・佐幕軍との間で戦われた一年五か月間の戦争の総称です。明治元年が干支《えと》で戊辰の年にあたることから、この名称がつけられました。

慶応三年一二月九日の王政復古クーデターで成立した新政府は、有栖川宮熾仁親王《ありすがわのみやたるひと》（一八三五〜九五）が就任した総裁、公卿《くぎょう》や諸侯を任じた議定《ぎじょう》、諸藩士も含めた参与《さんよ》の三職によって構成されました。ただし、政務・実務を運営したのは、クーデターを実行した薩摩・土佐・安芸・尾張・越前などの諸侯や藩士たちであり、彼らは、徳川慶喜を政権から除き、辞官・納地を迫りました。一方、慶喜は大政奉還後も政権担当の意欲を示し、京都から退いた大坂では、イギリス公使パークス、フランス公使ロッシュら諸外国公使と引見し、クーデターの不当性と自らが主権者であることをアピールしました。

新政府内でも、大義名分なしに徳川氏だけに領地を返上させる不当性を指摘し、戦乱の回避をめざす公議政体派の発言力が強まり、辞官・納地が緩和されるなど、慶喜復活の機運が出てきました。このため、薩摩・長州など討幕派は危機感を強め、戦争に活路を求めました。旧幕府軍も、薩摩藩の江戸市中擾乱の挑発に応じ、ついに軍事行動を起こすにいたったのです。

慶応四年正月三日に開始された鳥羽伏見の戦いでは、薩長など討幕軍が官軍の地位を獲得し、戦闘を優勢に展開したため、七日慶喜は、幕府軍艦の開陽丸《かいよう》で江戸に戻りました。同日、薩長討幕派は、慶喜や会津・桑名藩主らを朝敵とし、その後、彼らを追討し、諸道を鎮撫する名目で、東海・東山・北陸の三道から、江戸に向かって進軍しました。これにともない、西日本地域の諸大名や大商人たちは、新政府支持を表明しました。鳥羽伏見の戦いは、薩長両藩が新政府内の主導権を確立し、西日本をほぼ勢力下においた点で、重要な意義をもつものでした。

　江戸に戻った慶喜は、諸侯の多くが新政府支持を表明したこともあり、二月一二日上野寛永寺に謹慎しました。三月一四日には京都において五か条の誓文が発されます。この日、江戸では西郷隆盛と勝海舟の会談がおこなわれ、翌日に予定されていた江戸城総攻撃が回避されました。四月一一日、江戸城無血開城が実現し、慶喜は水戸に移りました。慶喜警固の名目で寛永寺に屯集《とんしゅう》していた彰義《しょうぎ》隊《たい》は、以後も輪王寺宮法親王《りんのうじのみやほっしんのう》を擁して抵抗の姿勢を示したため、五月一五日、新政府はこれを一日で壊滅させ、江戸を完全に制圧しました（上野戦争）。五月二四日、新政府は田安亀之助《かめのすけ》（のち徳川家達《いえさと》）を駿河府中七〇万石の藩主とする徳川処分を発表しました。江戸城無血開城と上野戦争の勝利は、江戸時代を通じて蓄積・強化してきた江戸の首都機能を、新政府

図45　上野戦争図（『彰義隊絵巻』，円通寺所蔵）

がほぼ無傷で継受したことを意味します。七月、江戸を東京と改め、一〇月天皇が東京に行幸《ぎようこう》し、東京は西日本を基盤とする新政府の首都として、改めて位置づけられたのです。

東北諸藩の団結

しかし、この動きに対抗して、四月二三日、東北二五藩は会津藩赦免《しやめん》を嘆願し、五月三日奥羽列藩同盟《おううれつぱんどうめい》を結び、のち北越六藩が加わり奥羽越《おううえつ》列藩同盟へと発展しました。七月一八日、同盟は仙台藩領白石《しろいし》（宮城県白石市）に公議府《こうぎふ》、福島に軍事局を設け、輪王寺宮を盟主、仙台（宮城県仙台市）・米沢（山形県米沢市）両藩を総督とし、諸藩重臣が参加して、軍事・会計・民政などを担当する体制を整えました。この間、四月二六日、日光東照宮の御神体が、難をのがれるために、閏四月五日会津城三の丸の南の東照宮に動座しました。当時、会津城下には各地の兵が続々と集まり、当時の記録に、「市中其賑々敷事、言語述へ難シ、此時子供ノハヤリ歌ヲウタウ。都ミタクハ、ココマテコサレ、今ニ会津カ江戸トナル」（荒川類右衛門「明治日誌」）と、会津は東北の都（江戸）のような活況を呈するに至りました。

しかし、新政府軍は、東北・北陸に軍を進め、六月以後、白河（福島県白河市）・平（同いわき市）・会津（同会津若松市）・庄内（山形県酒田市）など、各地で激戦が展開されました。しかし、この過程で、同盟を離脱する藩が続出しました。七月末、新政府軍の長岡・新潟（新潟県）の占領により北陸戦争は終結し、仙台・米沢両藩も降伏、九月二二日の会津落城で東北戦争は終結しました。新政府は、東北・北陸戦争に勝利することにより、蝦夷地（北海道）を除く、ほぼ日本全域を支配したのです。

この間、八月一九日、榎本武揚《たけあき》率いる旧幕府海軍は東京湾を脱出、仙台に寄港し、東北諸藩の兵を糾合して、九月二〇日蝦夷地に入りました。一二月一五日、箱館五稜郭《ごりょうかく》において、投票により総裁榎本以下の閣僚を選出し、箱館政府を樹立しました。しかし、翌明治二年四月、雪解けを待って開始された新政府軍の攻撃により、五月一八日、榎本らは降伏し箱館戦争は終わりました。ここに、戊辰戦争は終結し、新政府は全国的な支配権を確立したのです。

図46　榎本武揚

戊辰戦争は、ヨーロッパのクリミア戦争（ロシア対英仏トルコ他連合軍、一八五三〜五六）や、アメリカの南北戦争（一八六一〜六五）などで使用され、終戦とともに不要になった大量の武器が、日本に輸入され使われた、日本初の「近代戦争」でした。この時期、二六五年の「平和」をへて、政庁・役所と化した城郭での籠城《ろうじょう》戦は明らかに不利であり、武器・弾薬の補給地である横浜、長崎、神戸、新潟、箱館など開港・貿易港の制圧が戦争の帰趨《きすう》を決しました。新政府軍の勝因の一つは、ここに求められます。

近代国家へ

しかし、戊辰戦争の戦死者は、意外と少なく、明田鉄男編『幕末維新全殉難者名鑑』（新人物往来社）によると、鳥羽伏見戦争の戦死者は、旧幕府軍二八三人（内会津一三〇人、幕府・新選組一一九人）、新政府軍は一一〇人、戊辰戦争全体では、東北諸藩を含む旧幕府軍八六二五人、新政府軍四九二五人でした。同じレベルの武器・弾薬を使ったクリミア戦争では計約九〇万人が死傷し、アメリカ南北戦争では約二〇万三〇〇〇〇人が戦死、これを含め六二万人が戦病死しています。「西洋文明」を背景とする西洋列強による国家的危機を前に、兵農分離による戦争参加者の制約、国学によるナショナリズムの高まり、洋学による合理的・客観的な知識や意識の浸透など、「日本文明」は、最小のリスクと犠牲による政権交代の道を歩んだともいえます。

明治五年（一八七二）、岩倉具視を特命全権大使とする遣米欧使節団の一員の伊藤博文は、アメリカのサンフランシスコでの演説において、「維新の内乱は、一時的な結果に過ぎません……わが国の大名は、寛大にも領地を奉還し、その自発的行為は新政府により受け入れられました。一年とたたないうちに、数百年以前に確立していた封建制度は、一発の銃も発せず、一滴の血も流さずに完全に廃止されました。この驚くべき結果は、政府と国民との共同行動によって、遂行されたのであり、今や両者は平和な進歩の道を、協力して進んでおります。中世のいかなる国が、戦争をしないで、封建制度を打ち倒したでありましょうか」と、戊辰戦争の犠牲にはあえてふれず、新政府の改革が世界の国々と比較して、スムーズに展開したことを誇っています。新政府の立場からの勝手な言い分ではありますが、戊辰戦争が殲滅《せんめつ》戦を避け、戦後も、多くの旧幕府軍参加者に、才能を生かす可能性を与えた意義は小さくありません。旧幕臣の大久保一翁《いちおう》（東京府知事）、勝海舟（枢密顧問官）、大鳥圭介（学習院院長、朝鮮駐在公使）、榎本武揚（文部大臣・外務大臣）、会津藩の秋月悌次郎《ていじろう》（熊本第五高等学校教授）、山本覚

図47　伊藤博文

馬（京都府顧問、同府議会議長、京都商工会議所会長）、山川健次郎（東京帝国大学総長）などの後半生は、その一端を示すものです。会津戦争において大砲・鉄砲で抵抗した山本覚馬の妹八重《やえ》も罰されませんでした。今日、戊辰戦争は、勝敗の面だけでなく、最小のリスクと犠牲＝「省エネ・省ロス」による明治国家・社会の成立・移行として、あらためて位置づけられる必要があります。

エピローグ◇佐幕派軍事官僚の近代国家への夢

会津藩士山本覚馬の人生

本章では、江戸時代の達成と明治期以降への展望として、会津藩の軍事官僚であった山本覚馬《やまもとかくま》（一八二八～九二）の幕末《ばくまつ》・維新《いしん》のようすを見たいと思います。

覚馬は、文化《ぶんか》一一年（一八二八）会津藩砲術指南・山本権八の長男に生まれました。弘化《こうか》二年（一八四五）に妹の八重《やえ》（～一九三二）が生まれます。天保《てんぽう》七年（一八三六）藩校日新館《にっしんかん》に入り、嘉永《かえい》六年（一八五三）二六歳で江戸に出て蘭学を学び、江川英龍《えがわひでたつ》、佐久間象山《さくましょうざん》（一八一一～六四）、勝海舟《かつかいしゅう》らから西洋砲術などを学びます。安政《あんせい》三年（一八五六）会津に戻り、日新館教諭、会津藩蘭学所教授となります。藩政批判により一時禁足令《きんそくれい》を受けますが、軍事取調兼大砲頭取に就任します。文久三年（一八六三）「海防論」を著し、藩に提出します。

元治元年（一八六四）、三七歳で藩主松平容保《まつだいらかたもり》に従い上京、しばしば佐久間象山を訪問する一方、洋学所を開いて西洋の知識と技術を諸藩士に教授しました。七月一八日禁門《きんもん》の変《へん》（蛤御門《はまぐりごもん》の変）で会津藩《あいづはん》砲兵隊《ほうへいたい》を率いて活躍し、翌日長州勢を追って天王山《てんのうざん》（京都府乙訓郡《おとくにぐん》）を攻め、功績により公用人《こうようにん》（外渉係）

に抜擢されます。このころ、眼病を患います。慶応二年（一八六六）勝海舟と交流を深め、西周《にしあまね》（洋学者、一八二九〜九七）を紹介されます。翌三年一二月、薩摩・長州両藩と対立し、一五代将軍慶喜《よしのぶ》が大坂に下り、会津藩士もこれに従いますが、覚馬は京都にとどまります。

明治元年（一八六八）鳥羽伏見《とばふしみ》の戦いのさい、覚馬は薩摩藩兵に捕えられ、京都の薩摩屋敷に幽閉されます。幽閉中、三月に『時勢之儀ニ付拙見《せっけん》申上候書付』（以下『拙見』）、五月に『管見《かんけん》』を口述します（四一歳）。この年、仙台藩の京都屋敷内の病院に移され、岩倉具視《いわくらともみ》に会います。翌二年京都府顧問になり（同一〇年までつとめる）、翌三年正式に京都府に採用されました。同五年、京都博覧会に関係し、翌六年、小野組転籍事件《おのぐみてんせきじけん》で東京で拘禁された京都府大参事槇村正直《まきむらまさなお》（長州藩出身、一八三四〜九六）の釈放のために、妹八重とともに東京に赴き、岩倉、木戸孝允《きどたかよし》、江藤新平《えとうしんぺい》（肥前藩出身、一八三四〜七四）らと交渉しました。

図48　山本覚馬（同志社社史資料室所蔵）

明治八年（一八七五）、大阪で学校設立を認められず上洛《じょうらく》した新島襄《にいじまじょう》（上野安中藩出身、一八四三〜九〇）と知り合い、覚馬は、自ら所有する土地（旧薩摩藩邸《さつまはんてい》）を新島に譲渡しました。同年、襄と八重が結婚し、同志社《どうししゃ》英学校を開き、同一一年、同志社女学校を開校します。翌一二年、京都府会が開設されると、覚馬は議長に選出され、同一八年には、京都商工会議所会長に就任します。その後、同二三年新島襄が病死、二五年には覚馬も六五歳で没します（青山霞村原著『改訂増補・山本覚馬伝』京都ライトハウス）。

覚馬は、激動の時代を、会津、江戸、京都で、軍事官僚、政治家、教育者として生き抜いたのです。

新国家建設のために――山本覚馬の政権構想――

覚馬は、失明し、幽閉されるなか、前述のように口述で、明治元年三月『拙見《せっけん》』と、五月『管見《かんけん》』を作成しました。江戸城の無血開城をはさんで、薩摩藩に提出された二つの著作には、覚馬の状況認識と国家構想が示されています。

まず『拙見』(本文は漢文体［ ］内は原文注、( )内は引用者注)は、「貴藩(薩摩藩)は従来から国家のために深く考慮されていたのであり、ただ幕府が時勢に迂闊《うかつ》であったのでそのためかえって疑惑を生じたのであり……当藩［会津藩］におきましても、私どもや他六名のものが同様の意見を申し立てましたが、それを貫徹できませず不都合な結果となりました。その後、土佐藩から国家の大本の建て直しについて王政復古の建白がありまして、貴藩においても御同論であり、また慶喜公や当藩藩主も天下の形勢

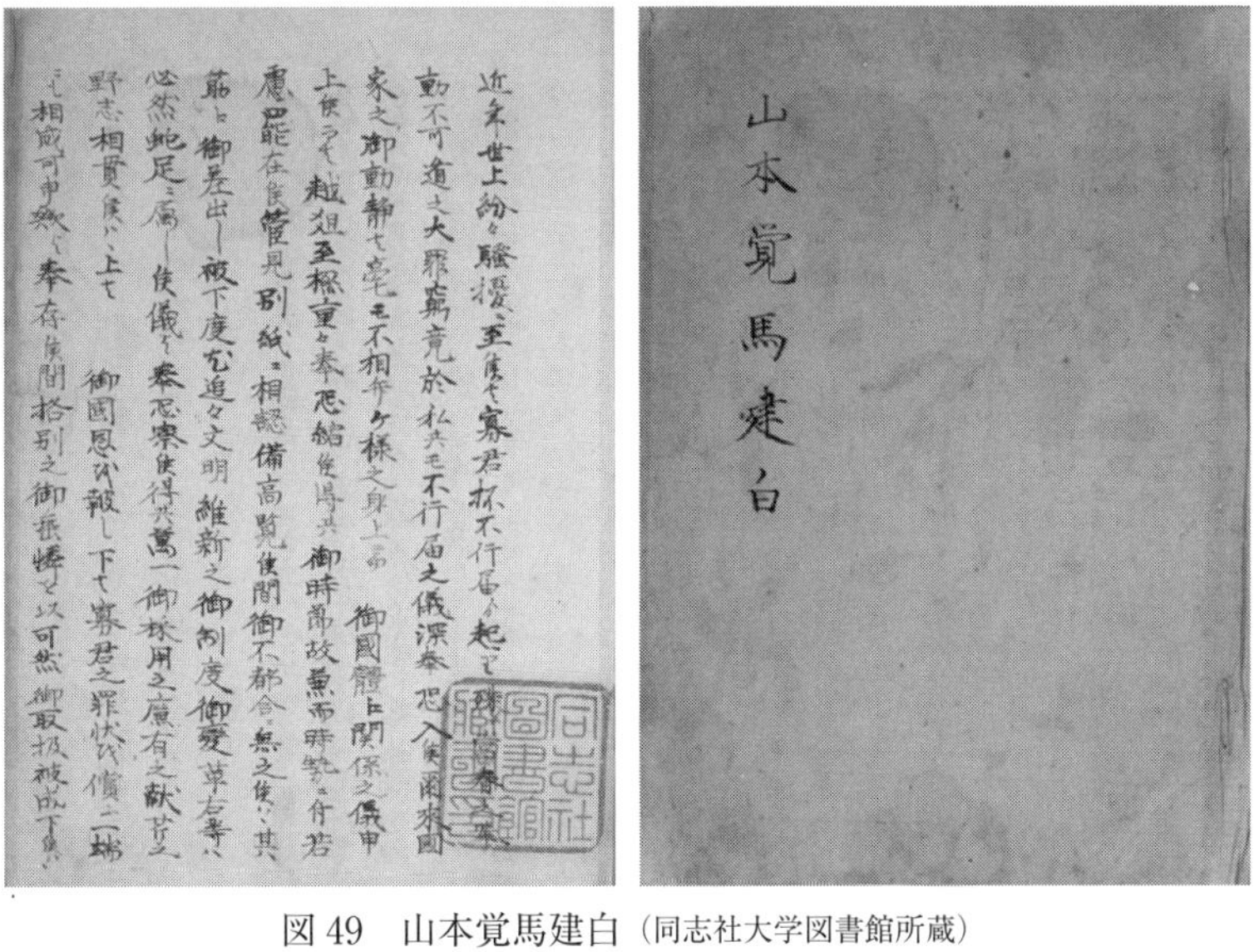

図49　山本覚馬建白(同志社大学図書館所蔵)

を熟知して皇国の一新挽回のよい機会であると判断し、昨慶応三年十月政権を返上致しました……同年十二月に朝廷より諸制度を正す旨［王政復古の大号令］仰せ出されました折、幕府ならびに諸藩の見識のせまい輩が騒ぎ立てて不穏になりましたので、その事情を察して慶喜公と当藩藩主は共に大阪に下りました。次いで今春慶喜公は再び上洛し、当藩がその前駆を致しましたが、偶然の行き違いから宮門《きゅうもん》のもとで騒然とする結果となりましたのは、天地神明に対し逃れることのできない大罪であります。しかしながらこの一戦には国勢挽回のため深い御配慮もあったのであろうと拝察致しております……従いまして幕府に対しても疑われることなく、当藩・桑名藩に対しても憎まれることなく、『万国公法《ばんこくこうほう》』のように公明正大なお取り扱いをもって速かにとりしずめて頂き、確乎《かっこ》とした皇国の基本が成り立ち、かつは諸外国ともならび立ち得ますよう存ずる次第であります」と、薩摩藩や土佐藩などの倒幕の意義を認めたうえで、幕府や会津藩の立場を弁明し、「万国公法」にもとづく公明正大な取り扱いを願っています。

また『管見』は、具体的な政権構想ですが、序文で「追々文明維新之御制度御変革右等ハ必然」と、「文明維新」の動向を認識し、「管見」として、「露西亜日ニ強大ニ至ルベク」とロシアが強大になり、「仏ノ『ナポレオン』ハ前『ナポレオン』ノ甥ニシテ一時共和政治ヲ主張シ、其君ヲ廃シ其位ヲ奪フ」と、フランスの状況を記しています。「曾《かつ》テ魯ヨリ『トルコ』ヲ侵シ『セバステボル』ニ戦フ時ニ英仏『トルコ』ヲ援ク」と、クリミア戦争についても記しています。「政体」は、「臣下ニ権ヲ分ツヲ善トス」と権力の分散を訴え、「議事院」は、「文明政事開ニ従テ四民ヨリ出ベシ、然レドモ方今《ほうこん》人材非士ハナシ、故ニ王臣又ハ藩士ヨリ出ベシ」と、議員は四民から出すべきであるが、今はまだ人材がいないので、朝廷か藩士から選ぶことを述べ、その基準として五万石につき一人、一〇万石に二人、二〇万石に三人とすることを述べています。

「学校」は、「我国ヲシテ外国ト幷《(並)》立文明ノ政事ニ至ラシムルハ方今ノ急務ナレバ、先ヅ人材ヲ教育スベシ」と、外国と並び立つために教育の重要性を説き、「無用の古書ヲ廃止シ、国家有用ノ書ヲ習慣セシムベシ」と、国家のために役立つ教育を提唱し、建国術、経済学、万国公法、道徳、法律、物理、経済、医学などをあげています。

「国体」は、「此度皇政復古ナレドモ俄《にわか》ニ国体ヲ郡県ニ変ジ難ケレバ封建ト郡県トノ間ノ制度ヲ立ツベシ」と、郡県（集権）と封建（分権）の中間の制度とし（諸侯・陪臣制は維持）、「タトヒ外国タリトモ万国公法ニ信戻《もと》スル者アラバ彼ヲモ討夷スルニ足ル可シ」と、万国公法＝世界基準で、これに従わない国の征圧を肯定し、さらに「四民共ニ賦ヲ平均スルヲ善トス」「国民平均至当ノ法ト云フ可シ」と、四民平等を唱えています。

「建国術」では、国を豊かにし、兵備を充実するためには、「『ヨーロッパ』ノ内ニテハ『イギリス』『フランス』『プロイス』商ヲ以テ盛ナル国也、日本支那等ハ農ヲ以テスル故ニ之ニ如カズ」と、商業国家をめざすべきと主張します。「譬《たと》ヘバ百万石ノ地ヨリ収ル賦《ふ》（税）凡《およそ》百万金ト見テ夫ヲ工人ヘ渡シ器物ヲ作ラシメバ一倍増シテ二百万金トナル、夫ヲ商人ヘ渡シ商ハシメバ又之ニ二倍遂ニハ金ノ増ス事限ナカル可シ」と、百万石の価値を職人は二倍に、それを商人はまた二倍にすると述べています。さらに、外国人たちとのやりとりを紹介しています。すなわち、「余曾《かつ》テ『プロイス』ノ人『レーマン』ニ聞ク、『アメリカ』ニテハ器械ヲ以テ田ヲ耕シ二人ニテ七十人程ノ働ヲナスト、『和蘭《オランダ》』ノ人『ハラトマ』ニ聞ク、『イギリス』ノ富ヲ致スハ蒸汽器械ヲ発明シテヨリ也ト」と、アメリカの機械化農業やイギリスの蒸気機関の意義を記し、また、「余曾テ崎陽《きよう》ニ遊ビ、『和蘭』ノ人『ボートーイン』、『イギリス』ノ人『ゴロール』等ニ逢フテ事ヲ聞クニ、我等日本へ来リシ時ハ僅カ壱万金程モモタザリシ由、今ニ及ビテ巨万ヲ累《かさ》ネ、舟六七十艘モ所持シ、崎陽上海《シャンハイ》ノ間ニ商売シ一月ニ十五六万金ニ下ラズ」と、幕末の長崎に来航したオランダ人ボートインやイギリス人ゴロールは、最初一万金もなかったのに、今や舟六〇〜七〇艘をもち、長崎と上海の間で商売し、月一五、六万を下らないといったと記しています。日本でも二〇年前、仙台藩の領地は米沢藩の五、六倍あるのに、農業を専らとしているので貧しく、米沢藩は商業を専らとするので米の売り上げが三倍になり、「富国強兵《ふこくきようへい》」に成功したとも記しています。

「女学」では、女子について、「自今以後男子ト同ジク学バスベシ」と、男子と同じように教育することを主張し、「平均法」では、「天子ヲ除クノ外侯伯士農工商ニ至ルマデ其子五人有レバ五人、三人ナレバ三人、人数ニ依リテ已ノ家督ヲ各々へ平等ニ分与スベシ」と、財産を平等に分配することを主張しています。

「変仏法」では、仏教僧への批判が見られ、「古ノ僧ハ愚民ヲ教諭シ善ニ導キシガ、今ハ徒ニ仏像ヲ擁シテ墳墓ヲ守ルノミニテ世ニ益ナキハ推テシルベシ」と、形式に流れているとし、修行をしっかりさせ、国家が身分を認可する制度を提唱しています。

その他、「製鉄法」「貨幣」「衣食」「醸酒法」「時法」「暦法」など、西洋の制度・習慣を取り入れることを主張しています。

山本覚馬が、視力を失い幽閉されるなか、西洋の知識や情報をもとに、これだけ体系化された政権構想を示したのは驚きです。しかし、これは覚馬だけの特殊事例ではなく、諸藩の軍事官僚もまた、武器の交渉などを通じて、西洋の知識や情報に多く接していました。幕末維新期、幕府や諸藩の軍事官僚は、外交官僚や洋学者らと同じく、西洋の知識や情報を得ていたといえるのです。

幕末維新期、倒幕派《とうばくは》・佐幕派《さばくは》、文官・武官の違いをこえて、幕府や藩の武士＝官僚が、西洋の情報と知識を広く共有していたことは、戊辰戦争では多くの貴重な人命を失ったものの、欧米と比較するならば、最小のリスクと犠牲（省エネ・省ロス）のもとでの政権交代＝明治維新を可能にした一因になっていたのです。

あとがき

本書では三編一四章にわたって、「平和」「文明化」をキーワードに、新しい江戸イメージについて記してきました。現代の視点から、江戸時代のさまざまなシーンをあらためて検討すると、「明治維新」＝政権交代では断絶されない、現代と連続する江戸時代像、地続きの江戸時代像が見えてきます。

今日、各地に残る城郭《じょうかく》を訪れてみましょう。その近くには、都府県庁・市役所などの行政庁舎、新聞・テレビなどマスコミの本支社、藩校《はんこう》の伝統や名称を受け継ぐさまざまな学校、城下町《じょうかまち》以来の金融・商店街などがあります。江戸時代、政治、経済、文化の中心であった城郭と城下町の機能・性格が、今日まで引き継がれているのです。全国各地の名所・観光地や、名物・名産・お土産品なども、多くは江戸時代に始まりました。

寺院の墓地に行ってみましょう。墓石の裏には戒名《かいみょう》や命日《めいにち》が刻まれています。古い年号の多くは、江戸時代のもので、これは、今日先祖をたどれる家のほとんどが、江戸時代を起点としていることを示しています。戦国時代までの大規模な農業経営が解体され、私たちと同じ単婚小家族による小農業経営が一般化・安定化するのが江戸時代です。武士社会・民間社会ともに永続的な家・家族が成立し、家名《かめい》、家産《かさん》、家業《かぎょう》、家訓《かくん》、家系《かけい》、家風《かふう》などのことばが定着しました。

今日の私たちの生産や生活をふりかえってみましょう。私たちは、村・町・組などの行政組織や地域組織、あるいは業種別組合（業界）などの組織に所属します。じつは、これも江戸時代以来の組織・システムなのです。前例主義、横並び主義、護送船団《ごそうせんだん》など、今日揶揄《やゆ》・批判される集団主義もまた、江戸時代以来の社会制度・システムといえます。これらの制度・システムは、一方では、自由を制限し、異端やマイノリティを抑圧するという欠点をもちつつ、他方では、秩序や平等を大切にし、互助・協力関係にもとづく格差の少ない社会を造り上げてきました。

七五三・成人（元服《げんぷく》）・還暦などの人生儀礼、正月・節分・桃の節句・七夕《たなばた》・端午《たんご》の節句・大晦日《みそか》などの年中行事、花見・螢狩り・月見・紅葉狩り・雪見・相撲・歌舞伎・花火・旅行・浮世絵・俳諧・小説などの娯楽が、庶民生活に広く普及したのも江戸時代でした。

二六五年にわたる江戸時代の「平和」と「文明化」は、今日、「和風」「日本風」とよばれる、列島規模・国民規模での文化や習慣を形成したのです。

さて、かつて、私は今日江戸時代を学ぶ意味について次のように記しました。

「今日、『世界化《グローバリゼーション》』の中で、各国・各地域が、さまざまな格差を縮小しつつ、それぞれの個性を発揮すること、すなわち同質性（普遍性）と異質性（個別性）の共存は、人類史的な課題となっている。こうした理念を実現するのは、武力ではなく、『平和』『文明化』をさらにおしすすめる意志と知恵であろう。暴力や格差をともなわない、『真の世界化』を実現するためには、世界規模で武器を管理するシステムや、人命・自然を尊重する意識が形成、共有されなければならない」（『江戸の教育力』東京学芸大学出版会）

すなわち、一〇〇〇年をこえる戦国時代を克服して到達した、二六五年に及ぶ江戸時代の「平和」と

「文明化」を学ぶことは、日本や世界の未来を考える手がかりを求めることでもあるのです。と同時に、本書で述べてきたように、江戸時代は、決して過ぎ去った遠い時代ではなく、現代の日本にも生きる地続きの時代であり、世界の未来に向けて発信すべき大切な価値を含む興味深い時代だったのです。私たちが、江戸時代に関心をもち、江戸時代を学ぶ今日的意義は、とても大きいといえるのです。

本書は、前著『ＮＨＫこころをよむ・江戸から考える日本人の心』（ＮＨＫ出版、二〇一一年）を、再構成、補訂し、最終章を加えたものです。前著刊行にあたっては、秋山ユカリ、粕谷昭大、久保田大海諸氏のお世話になり、本書刊行にあたっては、一寸木紀夫、高尾すずこ両氏のお世話になりました。末筆ながら謝意を表する次第です。

二〇一四年一月

大石　学

著者紹介

一九五三年　東京都に生まれる
一九七八年　東京学芸大学大学院修士課程修了
一九八二年　筑波大学大学院博士課程単位取得退学
現在　東京学芸大学名誉教授

主要編著書

『享保改革の地域政策』（吉川弘文館、一九九六）
『享保改革と社会変容』（編、吉川弘文館、二〇〇三）
『大岡忠相』（吉川弘文館、二〇〇六）
『徳川吉宗』（山川出版社、二〇一二）
『近世日本の統治と改革』（吉川弘文館、二〇一三）
『今に息づく江戸時代―首都・官僚・教育―』（吉川弘文館、二〇二一）

新しい江戸時代が見えてくる
「平和」と「文明化」の二六五年

二〇一四年（平成二十六）三月一日　第一刷発行
二〇二一年（令和　三　）十一月十日　第二刷発行

著　者　大《おお》石《いし》　学《まなぶ》
発行者　吉川道郎
発行所　株式会社　吉川弘文館
郵便番号一一三―〇〇三三
東京都文京区本郷七丁目二番八号
電話〇三―三八一三―九一五一〈代〉
振替口座〇〇一〇〇―五―二四四番
http://www.yoshikawa-k.co.jp/

組版＝株式会社キャップス
印刷＝藤原印刷株式会社
製本＝株式会社ブックアート
装幀＝河村　誠

ISBN978-4-642-08104-7